职业教育“十三五”规划教材
职业学校“互联网+”立体化示范教材

职业教育旅游服务与管理专业系列教材

导游业务

主 编◎仲 涛 马 萍 王 玲

大连海事大学出版社

图书在版编目(CIP)数据

导游业务 / 仲涛,马萍,王玲主编 . — 大连 : 大连海事大学出版社, 2019.6
职业教育旅游服务与管理专业系列教材
ISBN 978-7-5632-3814-9

Ⅰ. ①导… Ⅱ. ①仲…②马…③王… Ⅲ. ①导游—业务—职业教育—教材 Ⅳ. ①F590.633

中国版本图书馆 CIP 数据核字(2019)第 114875 号

大连海事大学出版社出版

地址:大连市凌海路1号 邮编:116026 电话:0411-84728394 传真:0411-84727996
http://www.dmupress.com E-mail:cbs@dmupress.com

大连金华光彩色印刷有限公司印装 大连海事大学出版社发行

2019 年 6 月第 1 版 2019 年 6 月第 1 次印刷
幅面尺寸:184 mm×260 mm 印张:15 字数:332 千

出版人:徐华东

责任编辑:杨 洋 责任校对:刘长影
封面设计:解瑶瑶 版式设计:解瑶瑶

ISBN 978-7-5632-3814-9 定价:45.00 元

编委会

《导游业务》

主　　编　仲　涛　马　萍　王　玲

参编人员　梁悦秋　刘　伟　殷　乐　牛艳茹

张爱莹　单晶晶　李仁仲　宋阳阳

高成操　张赛萍　张良斌　袁妮囡

韩　雪　李　妍　杨　蕾　林智慧

员利光　石　慧　班布日　丁纪敏

张英英

序

2017年9月，习近平主席在向联合国世界旅游组织第22届全体大会的致贺词中指出，旅游是不同国家、不同文化交流互鉴的重要渠道，是发展经济、增加就业的有效手段，也是提高人民生活水平的重要产业。

近年来，职业教育得到了较快的发展，职业教育中的旅游服务与管理专业更是发展迅速。这门学科产生时间虽短，但已成为工商管理学科体系中的一个重要组成部分。其主要目标是使学生掌握导游服务、旅行社基层管理、酒店服务与管理的基本知识和专业技能；培养学生具有较强的汉语和英语口语表达能力和人际沟通能力，具有良好的服务意识、礼仪礼节和较强的应变能力、沟通协调能力、组织能力和团队精神；培养从事导游和旅行社管理的专业人员、宾馆服务和基层管理人员；培养具有旅游管理专业知识，能在各级旅游行政管理部门、旅游企事业单位从事旅游管理工作的高级专门人才。

职业教育旅游服务与管理专业教学资源库是由哈尔滨市现代服务中等职业技术学校主持建设，并联合全国18家中高职院校、19家旅游企业和行业协会组织，设计开发的符合国家旅游行业标准和专业教学规范，涵盖专业、课程、实训、考评等丰富内容，满足专业规划、集中教学、自主学习、培训考评等多方面需求的专业教学资源库。资源库面向全社会旅游学习者，代表了国家水平，具有职教特色，资源丰富多样，功能实用简便，更新动态有序，是供学生、教师、企业员工、社会学习者和旅游者五类用户进行自主学习、教学培训、咨询服务和终身教育的优质资源平台，对实现我国旅游专业人才全面培养、拓宽学习渠道、共享优质资源、提高旅游专业教学和职业培训的整体水平具有十分重要的意义。

在资源库建设过程中，项目组所有成员都付出了大量的精力，制作的电子教材也得到了广大学习者的认可。为进一步推进资源库在社会上更广泛地应用，我们组织项目组成员和专家对资源库所涉及的电子教材进行了修改完善，建成了立体化的系列教材，由大连海事大学出版社出版，为旅游爱好者提供更多的服务。

职业教育旅游服务与管理专业系列教材首批计划出版11种，包括《中国旅游地理》《模拟导游》《旅游英语》《导游业务》《旅行社业务》《旅游政策法规》《全国导游基础知识》《中国旅游客源国和目的国概况》《旅行社经营与管理》《中国旅游文化》《旅游服务心理学》。

本系列教材的顺利出版得益了大连海事大学出版社的鼎力支持，也凝聚着多位相关领域专家学者的心血，在此深表感谢。

刘瑞华

2019 年 1 月

编者的话

我国旅游业即将进入强国旅游时代、全民旅游时代、休闲旅游时代、品质旅游时代。时代推动着文化和旅游向一体化进程发展,提升旅游文化内涵是未来旅游业发展的趋势。同时,随着科技的发展,旅游业与信息技术融合发展已是旅游业发展的常态。职业学校作为培养旅游专业人才的摇篮,要切合行业发展形势,深化教学改革,深度融合校企合作,提高人才培养质量,为区域社会经济发展提供强大的旅游服务人力支撑。

本书是旅游专业国家级教学资源库立体化教材系列中的一本。根据《中等职业学校专业教学标准(试行)》(旅游服务类)要求,"导游业务"作为中职旅游服务与管理专业和导游服务专业开设的必修课和主干课,主要培养学生职业技能和职业素养。

本书在开发时遵循以学生职业岗位工作过程系统化为导向,以强大的数字资源平台为依托,以任务驱动法为手段,以人物代入情景为线索理念,引用大量的工作案例和工作图表,注重做中学、做中教,考虑学生、教师、企业员工、社会学习者和旅游者五类群体的需求。教材内容与"考证"内容相接轨,注重职业资格证书与学历证书对接、专业与岗位对接。本书在使用时可以通过扫描二维码,借助移动媒体终端进行无空间、无时间限制的随时学、随地学,编者也希望本书能成为服务于在校学生学习、社会学习、行业企业培训的课程教材。

本书在编写时充分考虑地域差异性,编写团队是辽宁、黑龙江、内蒙古、浙江、福建等地的7所学校的老师,内容经过精心提炼、认真撰写完成。本书也适用于全国各地的企业员工培训、继续教育培训、全国导游职业资格考试培训等。

本书在编写过程中得到了旅游行业、企业专业技术人员和兄弟院校专业教师的鼎力支持,也借鉴了大量的相关教材、图书、各院校网络精品课程及其他教研成果,在此谨向相关作者表示敬意和衷心的感谢!

由于编写时间紧迫,编者水平有限,书中难免有不妥之处,欢迎读者提出宝贵意见。

编　者

2019年1月

目　录

项目一

导游服务

学习目标

1. 能够准确地表述导游服务发展的历程，熟知各个时代导游服务的特点及重要事件。

2. 能够清晰地说明导游服务在旅游业中的地位与作用。

3. 能够准确地表述导游服务的性质、特点和原则。

4. 能够表述导游服务质量的概念和构成要素，熟知导游服务质量的监督和管理措施。

任务一 ● 导游服务的起源与发展历程

任务描述

笔者通过翻阅书籍、网络查询、拜访在旅游业一线工作的学长等途径，了解导游服务的起源与发展历程，搜集各个时代导游服务的特点及重要事件，为深入学习导游服务奠定理论基础。

任务内容

导游服务是旅游服务的一个重要组成部分，是在旅游活动的发展过程中产生，并随着旅游活动的发展而发展。导游人员是旅游业的灵魂，承担着这个行业中最富代表性的工作，若不了解导游的历史与发展，那就不可能深刻理解导游这一职业的本质。

一、古代的向导服务

早期的导游服务主要是向导服务，向导服务向现代导游服务转变经历了一个漫长的过程。在人类历史上，旅行活动早在原始社会时期便已开始，而当时从事商品交换的商人，成了最早的旅行者。自公元前 32 世纪埃及建立统一的奴隶制国家，两河流域便出现了来往于各地的商人。早在公元前 16 世纪，埃及便已成为世界闻名的旅游胜地。随着私有制的出现，社会财富集中在少数奴隶主手中，他们开始了名目繁多的旅行。

在中国，有文字记载的旅行活动可追溯到商周时代。夏禹是我国最早的探险家和旅行家。我国古代的旅行形式主要有：帝王将相巡游，代表人物有秦始皇、乾隆皇帝等；士人学子漫游，代表人物有杜甫、李白等；学术考察旅行，代表人物有司马迁、徐霞客等；外交公务旅行，代表人物有张骞、郑和等；宗教旅行，代表人物有玄奘、法显、鉴真等。在西欧，英国早在 16 世纪就将旅行作为培育宫廷中年轻富有贵族成员的有效途径之一。在这些旅行活动中，往往都配有熟悉旅途的人作向导。他们不仅在引路时要讲解沿途的风景名胜，有时还要照料旅行者的饮食起居。这些陪臣、侍从实际上起着向导作用，这也成为导游服务的最初形式。

不过，此时的向导服务对提供者来说是偶然的，人们不会以此作为谋生的手段。他们受到社会经济条件的制约，同现代导游服务存在着很大差别，不可能形成向导队伍。

二、近代的导游服务

导游作为一种活动形态已有很长时间的历史，但导游作为一种独立的职业却是随着近代旅游业的崛起而出现的。18 世纪 60 年代，英国实现了工业革命，随后欧美各个国家也相继完成了工业革命。工业革命的结果，一方面使资产阶级的统治地位得以确立；另一方面新技术的应用促进了社会生产力的发展、城市的兴起和交通工具的革新。这些都为旅游活动的开展创造了有利条件。

正是在这种背景下，英国人托马斯·库克开创了旅游业的先河。1841 年 7 月，他包租了一列火车，运送 570 人从莱斯特前往拉夫巴勒参加禁酒大会，往返行程约 35 千米，收费标准每人 1 先令，免费提供带火腿肉的午餐及小吃，行程还有一个唱赞美诗的乐队跟随，这被公认为近代旅游的开端。在这次旅游活动中，库克自始至终随团出行，可以说是现代旅行社陪同的最早体现。1845 年，库克又组织了 350 人从莱斯特到利物浦的包价旅游，票价包括火车票、住宿费和途中游览卡那封城堡和斯诺登山的费用。为组织好这次旅游，库克给每个人分发了导游资料。到 1864 年，经库克组织的参加旅游的人数已累计达 100 多万人，他的名字也成了旅游的代名词。后来，欧洲、北美诸国以及日本纷纷仿效库克组织旅游活动的成功模式，先后成立了旅行社或类似的旅游组织，招募陪同或导游，带团在国内参观游览。这样，在世界上逐步形成了导游队伍。

上述情况表明，这个时期的导游服务已经分成两种类型：一种是全程陪同服务；另一种是地方游览项目的讲解服务。这个时期是导游服务的开创时期，也是现代导游服务的奠基时期，所提供的导游服务在许多方面和现代导游服务是相同或类似的。另外，旅行社招聘全程陪同和临时雇用当地人员进行导游服务促使了社会中一些人逐渐将导游工作作为一种职业来看待。所以，这个时期也是导游服务逐步走向职业化的时期。

三、现代的导游服务

第二次世界大战后，世界经济得到恢复，大规模的群众性旅游活动崛起，促使导游队伍迅速扩大。导游服务在旅游服务中的重要性越来越受到世界的关注。旅游界人士将导游称作“民间大使”，认为导游“沟通了不同国家、不同地区人民之间的友谊”。美国把导游誉为“祖国的脸面”；埃及称其为“祖国的一面镜子”；英国伦敦旅游局称其为“伦敦大使”。

导游服务在旅游业中的重要性，促使导游队伍不断扩大，几乎世界各地都有一大批数量不等的专职和兼职导游。这使得世界上许多国家对导游人员的职业资格、教育和培训以及导游服务质量都加强了管理。现代导游服务呈现出以下特点：

（一）导游服务职业化

导游服务职业化是指越来越多的人将绝大部分时间投入导游工作中，并以其获得报酬作为主要的经济来源。导游作为一种谋生的手段，已经成为社会诸种职业中的一种。20 世纪 70 年代，一些发达西方国家将导游列入其社会职业分类词典中。我国在《中国职业分类大典》中将导游列在第四大类“商业与服务业”中。不同的是，鉴于目前我国的具体情况，导游服务还未完全形成自由职业，而在德国、新加坡、日本等已实行了导游职业自由化制度。

（二）导游服务规范化

导游服务规范化是指导游服务要按照一定的标准和程序来进行。在当代，由于旅游业的竞争日益激烈，旅游者越来越重视旅游产品的质量。为保护消费者的合法权益，世界各地的众多旅游机构对旅游产品和导游服务全过程的质量要求进行了规范。我国于 1995 年制定了《导游服务质量》国家标准；于 1997 年颁布了《旅行社国内旅游服务质量要求》部门标准。它们从不同角度、不同层面上对导游服务质量提出了规范化的要求。

（三）导游人员管理法制化

导游人员管理法制化是指国家和地方旅游行政部门将导游人员的管理纳入法律、

法规管理的范畴。主要管理制度有:

1. 导游资格考试制度

导游资格考试制度是导游的选拔手段,考试一般分为笔试和口试两种形式,内容多涉及导游工作中的知识和技能,考试的组织机构一般为旅游管理部门、导游协会等。我国于 1989 年建立了全国导游人员资格考试制度,1995 年建立了导游人员等级考试制度。

2. 导游人员注册制度

世界上大部分国家都规定,只有经过注册的导游人员才有执业资格。我国《中华人民共和国旅游法》规定:参加导游资格考试成绩合格,与旅行社订立劳动合同或者在相关旅游行业组织注册的人员,可以申请取得导游证。负责注册的机构有商会、导游协会、导游公司、旅游管理部门等。注册有效期限因国家而异,有的国家一次注册终身有效,有的国家每年、每两年或每五年需注册一次。

3. 导游人员管理立法

为了加强导游人员的管理,我国于 1987 年颁布了《导游人员管理暂行规定》;1999 年颁布了《导游人员管理条例》;2002 年颁布了《导游人员管理实施办法》;2013 年 10 月 1 日颁布了《中华人民共和国旅游法》。此外,我国还通过实行导游人员资格考试制度、导游人员等级评定制度等,将我国导游人员的管理纳入法制化轨道。

四、我国导游服务的发展历程

我国真正意义上的导游服务经历了三个时期:

第一个时期是中华人民共和国成立前。重要事件有:1923 年 8 月,上海商业储蓄银行总经理陈光甫首次在该行设立了旅行部,承办旅行代理业务;1927 年,该部从上海商业储蓄银行独立出来成立了“中国旅行社”。

第二个时期是中华人民共和国成立至改革开放初期阶段。重要事件有:1949 年,中华人民共和国的第一家旅行社“厦门华侨服务社”在厦门成立;1954 年,中国国际旅行社(简称“国旅”)成立。这个时期的导游人员虽然数量不多,但素质很高。国家对翻译导游人员提出“三过硬”(思想、外语和业务三个方面过硬)和“五大员”(宣传员、调研员、服务员、安全员和翻译员)的工作要求及任务。这个时期导游服务的主要特点是:服从政治需要,不追求经济效益。

第三个时期是改革开放以后,即我国导游服务同国际接轨的时期。重要事件有:1980 年,中国青年旅行社创立;1989 年,全国导游资格考试制度建立;1995 年,导游人员等级考核制度建立;2002 年,导游人员记分管理制度开始实行。这个时期导游服务的主要特点是:导游服务队伍迅速扩大;导游服务作为旅游服务的一部分构成了旅游产品的重要内容;导游服务程序和服务质量实现了标准化和多元化;导游服务管理实现了制度化和法制化。

任务练习

用 2 ~3 句话描述中国导游服务的发展历程。

____

____

____

任务二 ● 导游服务在旅游业中的地位与作用

任务描述

笔者走访所在地的旅游酒店、旅行社、旅游餐饮业、旅游景区等企业，调研导游服务在这些企业中的地位与发挥的作用，对搜集的信息进行分类归纳，培养与人沟通能力、问题分析能力。

任务内容

一、导游服务的概念

导游服务是导游人员代表被委托的旅行社，接待或陪同旅游者旅行、游览，按照组团合同和标准向旅游者提供的旅游接待服务。

该定义包含三层含义：

首先，根据《导游人员管理条例》，导游人员必须由旅行社委派，未受旅行社委派的导游不得私自接待旅游者，否则将受到处罚。

其次，导游人员的主要业务是从事旅游者的接待工作。

最后，导游人员向旅游者提供的接待服务，对于团体旅游者必须按照组团合同规定的内容和导游服务质量标准提供服务，对于散客必须按照事先约定的内容和要求提供服务。导游人员不得擅自增加、减少旅游项目或中止导游服务，也不得降低导游服务质量和不按规定的要求进行服务。

二、导游服务在旅游业中的地位

旅行社、酒店和交通部门是现代旅游业的三大支柱,其中居于核心地位的是旅行社。因为旅行社承担着生产和销售旅游产品的职能,旅行社招揽旅游者的多少直接关系到酒店、交通部门接待旅游者的数量的多少和其经济效益。

旅行社的业务主要有四大项,即旅游产品的开发、旅游产品的销售、旅游产品的采购和旅游接待(包括团体旅游者和散客旅游者)。根据马克思的生产与再生产原理,旅行社的前三项业务属于产品的生产和交换,后一项业务属于产品的消费,即旅游者购买旅游产品后到旅游目的地进行消费。旅游接待过程是实现旅游产品的消费过程。如果我们把旅游接待过程看作一条环环相扣的链条,那么,向旅游者提供的住宿、餐饮、交通、游览、购物、娱乐等服务分别是这根链条中的一个个环节,正是导游服务把这些环节连接起来,使相应服务部门的产品与服务的销售得以实现,使旅游者在旅游过程的种种需要得以满足,使旅游目的地的旅游产品得以进行消费。所以,导游服务虽然只是旅游接待服务中的一种服务,但是与旅游接待服务中的其他服务如住宿服务、餐饮服务、购物服务相比,无疑居于主导地位。

三、导游服务的作用

导游服务在旅游接待服务中的具体作用如下:

(一)纽带作用

导游服务是旅游接待服务的核心和纽带。只有通过导游服务,才能把旅游接待服务中的其他各项服务联系起来,使之相互配合,协同完成旅游接待任务。具体表现为如下几个方面:

1. 承上启下

导游担负着按照接待计划为旅游者安排和落实食、住、行、游、购、娱等各项服务并处理旅游期间可能出现的各种问题。同时,旅游者在旅游活动中的感受、意见、要求、建议乃至投诉,一般也通过导游人员进行反馈。

2. 连接内外

导游人员既代表接待社的利益,又肩负着维护旅游者合法权益的责任,代表旅游者与各旅游接待部门进行交涉,为旅游者争取正当利益;我国导游人员有责任向旅游者介绍中国,帮助他们尽可能多地了解我国的历史文化和风俗民情,同时多与旅游者接触,进行调查研究,了解外国,了解外国旅游者。

3. 协调左右

导游服务与其他各项旅游服务的服务对象是共同的,因而它们在目标和根本利益上是一致的。然而提供这些服务的都是独立的经济法人，有各自的利益，它们既相互依存、相互合作，又相互制约、相互牵制。导游作为旅行社的代表，对各协作单位所提供的服务在时间上、质量上起着重要的协调作用。因为任何一个环节出现问题，都会影响整个旅游的服务质量，所以导游人员在导游服务过程中既担负检查和督促各接待单位落实合同的责任，又具有将各接待单位的意见和建议反馈给旅行社的义务。

（二）标志作用

导游服务是旅游服务质量高低的最敏感标志。导游人员与旅游者朝夕相处，因此，旅游者对导游服务的接触最直接、感受最深切，对服务质量的反应最敏感。导游服务的质量高，可以弥补其他旅游服务的不足，而导游服务质量低劣却是无法弥补的。而且，导游服务质量的好坏不仅关系整个旅游服务质量的高低，甚至关系国家或地区旅游业的声誉。

（三）扩散作用

旅游资源的特色、旅游产品的文化内涵、生态旅游系统等，都需要导游去讲解。因此，优质的导游服务能对旅游目的地的旅游产品和旅行社形象起到扩散或传播作用。导游人员的素质决定着导游服务的质量，导游服务质量的高低则在很大程度上决定了旅游产品的使用价值，而旅游者往往就是根据其使用价值来购买旅游产品的。所以导游服务质量的优劣，直接影响旅游产品的销售和提升城市的品牌。

（四）反馈作用

导游人员在导游服务过程中起着协调各接待单位和旅游者及旅行社之间关系的作用，旅游者对其他旅游接待单位的意见、要求和建议会直接向导游人员表达和传递，并通过导游人员及时反馈给旅行社，有利于旅行社进一步提高旅游产品的质量和美誉度。

任务练习

某国际旅行社外联了一个14人的日本旅游团。该团由一些中青年书画家和他们的夫人组成，要求参观美术展、碑林、刺绣工艺，并与我国中青年画家进行交流。根据旅游者要求，该社安排的旅游线路是北京、济南（曲阜）、苏州、杭州、广州。旅游项目除各地一些游览景点外，还在北京参观美术馆书法和绘画展览；与北京中青年书画家举行座谈；在曲阜参观孔庙大成殿陈列的碑碣石刻；在苏州参观刺绣厂；在杭州参观西泠印社和西湖景区的碑刻、匾额、楹联；在广州与岭南画派的画家举行座谈。经过日方组团社同意和确认了价格之后，该团于次年5月9日来华，旅游负责接待的是该社导游人员李某。

一路上李某对该团的服务非常热情、周到，除了旅途中对该团旅游者的饮食起居等生活需要安排得很妥帖外，该团的各项要求均得到了落实，旅游者对李某的工作甚为满意。途中一位女性游客患急性肠炎，由于治疗及时，病情很快好转。旅游者希望购买的文房四宝、拓片、刺绣工艺品和一些名画的愿望也如愿以偿。离境前，李某还向该团的游客简要介绍了陕西书画旅游的一些精品线路，旅游者表示下次多联络一些人来华访问。回国后，该团团长代表全团致信某国际旅行社，向该社总经理和李某表示感谢。

结合案例谈一谈导游服务在旅游行业中的地位与作用。

任务三 ● 导游服务的性质、特点和原则

任务描述

请你访谈所在学校旅游专业的优秀毕业生，通过其工作经历了解导游服务的性质、特点和原则。

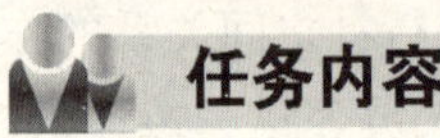

任务内容

一、导游服务的性质

导游服务的性质在不同的国家和地区，由于社会制度、意识形态和民族文化的不同，其政治属性也不同。但世界各国的导游服务具有以下共同属性：

（一）服务性

服务性是导游服务的基本属性，它是导游人员通过向旅游者提供劳务而体现出来的。导游服务同其他旅游服务一样，属于非生产性劳动，是一种通过提供一定的劳务活动，例如翻译、导游讲解等，来满足旅游者游览、审美的需求。然而，旅游服务不是一般的纯粹体能服务或简单的技能服务，而是一种脑体结合的、复杂的、高智能的、高技能的服务。

（二）文化性

导游服务是传播文化的重要渠道。导游人员为来自世界各地、各民族的旅游者提供服务，通过精彩的讲解给旅游者以知识、乐趣和美的享受，同时还吸收着各国、各民族的传统文化和现代文明，并有意无意地传播着不同的文化。所以，导游服务实际上起着沟通和传播一个国家、一个地区和其民族的物质文明和精神文明的作用。从这个意义上说，导游人员是文化的传播者，是"文明使者""文化人"。

（三）社会性

导游服务的性质

旅游活动是一种社会现象，在促进社会物质文明和精神文明建设中起着重要作用。导游人员接待着四海宾朋、八方旅游者，推动着这一规模最大的社会活动。所以，导游人员所从事的工作本身就是一种社会职业，对大多数导游人员来说，它是一种谋生的手段。

（四）经济性

导游服务的经济性源于导游人员在提供导游服务过程中的劳动消耗。在商品经济条件下，导游人员的劳动由于旅游者的购买而具有交换价值，在现实中表现为价格，即导游服务费。导游服务同其他旅游服务一样，是旅游产品价值构成的一部分，以旅游产品价值的实现为国家创收外汇、回笼货币，为旅游企业增加收益。此外，导游服务的经济性还表现为：促销商品，直接创收；扩大客源，间接创收；牵线搭桥，促进经济和技术交流。

（五）涉外性

国际旅游活动，是当今世界规模最大的民间外交活动。涉外导游人员是不同国家人民之间的友好使者，是"民间大使"。在社会主义的中国，导游工作的民间外交作用主要表现在三个方面：宣传中国，了解外国，当好民间友好大使。

二、导游服务的特点

导游服务是一种复杂的、高智能、高技能的服务工作，贯穿于旅游活动的全过程。导游服务具有与服务行业中其他服务不同的特点，而且随着社会的进步和旅游业的发展，其特点也将会发生变化。目前，导游服务的特点归纳起来有如下几点：

（一）独立性强

导游人员带团旅游时往往要独当一面，要独立地执行旅游计划，带领旅游者参观游览，要独立地进行讲解并回答问题，要独立地宣传、执行国家政策。在出现问题时，导游还要独立地、合情合理地进行处理。

(二)脑力和体力高度结合

导游服务工作不仅要求导游人员具有渊博的知识、良好的语言表达能力,而且还要具有能够运用知识、语言和智慧灵活地进行讲解和处理各种问题的能力。旅游活动还要求导游具有良好的身体素质和较强的适应能力,尤其在旅游旺季,导游工作繁忙,长期在外工作,体力消耗大,又无法正常休息。因此,可以说导游服务是一项脑力劳动和体力劳动高度结合的服务工作。

(三)复杂多变

导游服务面临的旅游者来自五湖四海,工作的场合多种多样,工作的条件纷繁复杂,而且具有多变性。这些情况都给导游服务工作带来了复杂性和变化性,需要导游掌握较高的服务技能,进行随机应变。其复杂性主要表现在以下几个方面:(1)服务对象复杂;(2)旅游者需求多种多样;(3)接触的人员多,人际关系复杂;(4)要面对各种物质诱惑和"精神污染"。

(四)跨文化性

现代旅游实际上是一种包括文化、经济、政治内容在内的,跨越国家与地区、民族与宗教、性别与职业的综合性活动。这种综合性活动决定了导游服务工作的跨文化性。所以,导游人员一定要了解国度、地区之间的文化差异,适应旅游活动的跨文化性需要。

三、导游服务的原则

为了做好导游服务工作,导游人员应遵循的服务原则有:"宾客至上"的原则;维护旅游者合法权益的原则;规范化服务与个性化服务相结合的原则;"合理而可能"的原则。

(一)"宾客至上"的原则

"宾客至上"是服务行业的座右铭,它不仅是一句招揽顾客的宣传口号,更是服务行业的服务宗旨、服务人员的行动指南,也是服务工作中处理问题的出发点。

首先,"宾客至上"意味着"顾客第一",即在顾客与服务行业的关系中,顾客是第一位的。这就要求导游人员时时以旅游者利益为重,处处以旅游者为中心。

其次,"宾客至上"表现在服务人员要尊重顾客,全心全意地为顾客服务。在为旅游者服务时,导游必须遵守国家和旅游行业的有关规定,服务质量必须达到国家和行业制定的标准,并努力将规范化服务与个性化服务、细微化服务有机地结合起来,从而向旅游者提供高质量的导游服务。

最后，"宾客至上"表现在导游人员在处理问题时要以旅游者利益为重，不能过多地强调自己的困难，更不能以个人的情绪来对待或左右旅游者，而应尽可能地满足旅游者的合理要求。

（二）维护旅游者合法权益的原则

世界旅游组织在1988年9月通过了《旅游权利法案》，对旅游者的权利和在旅游目的地应受到的保护做出了规定。中国旅游局在2002年发布的《旅行社管理条例实施细则》中，专门对保护旅游者的权益做出了规定。导游必须熟悉并牢记这些规定，避免有侵犯旅游者合法权益的行为发生，同时还应根据规定对相关旅游服务进行监督，处理旅游接待过程中的有关问题。概括地说，旅游者的合法权益主要有：旅游自由权、旅游服务自主选择权、旅游知情权、旅游公平交易权、依法享受旅游服务权、人身和财物安全权、医疗求助权、求偿权和寻求法律救援权。

（三）规范化服务与个性化服务相结合的原则

规范化服务又称标准化服务，它是由国家和行业主管部门制定并发布的某项服务（工作）应达到的统一标准，要求从事该项服务（工作）的人员必须在规定的时间内按标准进行服务（工作）。从这个意义上说，它具有类似于法规的约束力。为了规范导游服务，中国已发布了两个标准：一个是1995年发布的《导游服务质量》国家标准；一个是1997年发布的《旅行社国内旅游服务质量要求》的行业标准。这两个标准都规定了导游服务的质量要求，提出了导游服务过程中若干问题的处理原则，是导游向旅游者提供服务的工作指南。

个性化服务也可称之为特殊服务，它是导游人员在执行两个标准规定的要求和旅行社与旅游者之间的约定之外，按照旅游者的合理要求而提供的服务。这种服务一般是针对旅游者的个别要求而提供的，所以称之为个性化服务。

（四）"合理而可能"的原则

满足旅游者的正当要求，使他们愉快地度过旅游生活是导游人员的主要任务。旅游者提出合理要求，又是能够办到的，即使很困难或是会给导游人员增添不少麻烦，导游人员也要尽力予以满足。如果旅游者提出的要求是合理的，但实在无法满足，导游人员也要实事求是地说明原委，必要时还需赔礼道歉。旅游者提出不合理要求时，导游人员要婉拒，但要讲清道理。"合理而可能"的原则既是导游服务原则，也是导游人员处理问题、满足旅游者要求的依据和准则。

任务练习

恰逢旅游旺季，由于××旅行社英语导游短缺，于是从××外语学院请来一名口语不错的在校生充当临时导游,接待一个泰国旅游团。该导游服务热情周到,在带团初期一切状况良好,但后来因发生了一件不愉快的事而招致旅游者投诉。原因是团内有一对年轻夫妇的小孩长得十分可爱,导游忍不住在男孩的头上摸了一下,这种在中国看来最平常不过的举动,却触犯了泰国人"重头轻脚"的禁忌,男孩的父母当即就沉下脸来,只是没有当场发作。但导游却不懂得察言观色,后来又忍不住摸了一下小男孩的头,这下男孩的父母再也控制不住,当场与导游吵了起来,导致投诉情况的发生。

根据导游服务的特点,分析案例中该团导游行为是否恰当?

任务四 ● 导游服务质量

任务描述

旅游者在购买导游服务时则是期望能获得优质的导游服务。提到优质的导游服务,我们就要先学习导游服务质量的概念。

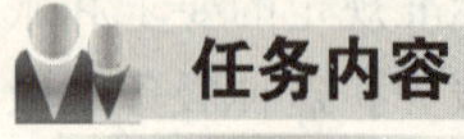

任务内容

一、导游服务质量的概念

导游服务质量是指导游执行旅游合同、国家和行业标准的程度和旅游者对其服务满意程度的总和,即导游服务质量以维护旅游者利益为根本出发点,以旅游合同、国家与行业标准为依据,以旅游者的满意程度为准绳。导游服务质量是旅游合同、国家与行业标准和旅游者满意程度的高度统一。导游服务质量与旅行社产品的组合性相联系,涉及交通服务质量、住宿服务质量、餐饮服务质量、参观游览服务质量、购物服务质量、娱乐服务质量等。

二、导游服务质量的构成要素

导游服务就其质量内涵而言,由许多因素共同构成,它是各种因素的综合体现,任

何一种因素都会影响导游服务的质量,必须以一定的标准体系来测定各项因素,具体如下:

(一)服务形象

1. 仪表、仪态

导游人员的仪表、仪态是构成服务形象的主要外在表现形式,包括其服饰、表情、姿态等。导游人员的仪表、仪态应符合旅游者的审美标准,要求整洁、大方而自然。

2. 服务态度

热情友好是导游服务态度最起码的标准。为了满足旅游者的相关需求,导游应当做到不厌其烦,全身心地投入各项服务当中。

3. 语言表达

导游人员是“靠嘴巴吃饭”的,他们要有过硬的语言表达能力和扎实的语言功底。良好的沟通技巧,用旅游者理解的语言适时准确地向旅游者提供各种旅游信息,是树立导游服务形象的重要环节。

(二)服务内容

1. 导游知识

实践证明,导游人员掌握的知识越多、提供的信息越多,就越能令旅游者满意。

2. 服务范围

导游人员的服务范围极其广泛,对涉及旅游活动的全部内容都要协调处理。导游人员主要把握导游讲解服务、对客生活服务、保证旅游者的人身财产安全服务等。

(三)服务技能

高水平的导游服务,需要导游人员具备一定的技能、技巧及独特的艺术风格。

1. 带团技能

如何维持团队成员的行动统一、激发旅游者的游兴、争取旅游者的合作,是带团技能的主要表现内容。

2. 协作技能

协作技能是指导游人员与其他导游人员和其他旅游服务工作部门及人员之间的协作共事的能力,这是追求旅游服务的整体性和协调性的必需技能。

3. 讲解技能

如何使自己的讲解内容易被旅游者理解并产生共鸣是衡量导游讲解质量的关键,也是旅游者认同导游人员服务的重要指标。

4. 应变技能

旅游是按行程计划进行活动的，如果导游人员不能及时、妥善地处理突发的旅游事故，则会使计划中断，使旅游者的游兴受损。

(四)相关服务

1. 相关产品质量

导游服务过程中，旅游者对服务设施、设备、服务环境等同样很在意。如导游人员在带团购物时，次数是否适中、商品是否优质、购买场所是否定点等都会影响导游服务的质量。

2. 旅游相关行业、单位的支持

要提供良好的导游服务需得到相关行业及其他旅游供给部门的充分支持，若缺乏这些部门的支持，则会令导游服务无法正常地进行下去，从而使旅游者大失所望。

三、导游服务质量的监督与管理

导游服务独立性强，复杂多变，人员流动性大。所以，导游服务质量监督与管理的难度较大，具体表现在：导游服务的无形性，难以对质量进行量化管理；导游服务的独立性使全面质量管理难以实行；导游服务的关联度，使质量管理的弹性加大。

国家和旅游行政管理部门在不断加大对导游服务质量监督与管理力度的同时，还建立和完善了一种适合中国国情的导游服务监督与管理的运行机制，主要有：

(一)建立多层次的导游服务质量监控系统

此项措施主要表现在建立和完善由国家旅游局、省(自治区、直辖市)旅游局、市(县)旅游局质监所和旅行社质监所(小组)在内的四级质量监督管理系统。各级旅游行政管理部门质监所不定期地进行抽查，发现问题则发出"黄牌警告"，对导游人员在导游服务过程中出现的各种偏差及时进行纠正。

(二)建立旅游者评议制和投诉制

旅游者是导游服务的直接感受者，他们对导游服务质量的评判最具权威性。在旅游过程中，旅行社通过导游向旅游者发放并回收"意见征求表"，根据旅游者的合理建议和意见，采取有效的整改措施，不断提高旅游服务质量。

为了确实保护旅游者的利益，加强旅行社应付各种旅游责任风险的能力，国家旅游局还颁布了《旅行社质量保证金暂行规定实施细则》和《旅行社投保旅行社责任保险规定》。

（三）建立导游人员的考核制度

根据有关规定，导游人员的考核分为在职导游人员的考核和兼职导游人员的考核。在职导游人员的考核主要通过年审进行。兼职导游人员的考核则主要通过导游工作进行。旅游者的评价、表扬或投诉信函等情况被列为考核的重要内容。

任务练习

来自桂林的6位旅游者由厦门某旅游服务中心接待，参加厦门—武夷山—福州6日游，费用不低，旅游却让人感到失望。6位旅游者下午到达厦门，大家本来肚子很饿，但晚餐却淡而无味，令人难以下咽。大家只得晚上自己出去吃大排档。第二天到鼓浪屿游览，因为晚上要乘飞机去武夷山，所以旅游者们在17:30被带到餐厅吃饭，由于导游没有事先通知餐厅，所以大家等了好久才上菜，而且上菜顺序为先菜后肉，等到菜刚上齐，导游又催着大家赶飞机，大家只好匆匆吃一点儿就走。在武夷山，由于导游是个刚参加工作的年轻女孩，对武夷山情况不熟悉，带队出游几乎不做任何讲解，漏掉了许多景点。武夷山每个峰都很高，爬上去很不容易，由于导游业务不熟，使旅游者走了很多冤枉路。从武夷山到福州，本应乘旅游列车，但接待单位却把旅游者安排到了一节普通车厢，旅游者们苦不堪言。

根据本任务所学内容，分析案例中导游提供的服务质量能否让旅游者满意？为什么？

知识拓展

年过半百的“全国优秀导游”曾文

有人问：年纪大了还能当导游吗？现在科技这么发达，智能导游会不会取代人工导游？曾文导游的经历就是最好的答案。

“一个导游是一扇窗口，只有用心去服务旅游者，才能收获快乐；用真情去感动旅游者，才能获得成功。”这是曾文常说的一句话。曾文，出生于20世纪60年代，如今已经年过半百，是迪庆藏族自治州卡瓦格博国际旅行社散客中心的导游。

1997年，曾文踏入旅游行业，成为一名导游。那时的导游没有真正意义上的导游讲解词，要了解当地民俗文化知识必须得靠自己去学习。为了更准确地了解民族文化知识，曾文除了从书本上获取相关知识外，还利用业余时间深入到古镇、寺院，亲身感受藏文化的魅力，与僧人交朋友，向他们学习相关知识，把学到的知识写成导游词，介绍给从天南地北而来的旅游者，让旅游者在欣赏美景的同时，深切感受藏文化的博大精深。

曾文之所以在工作中让旅游者好评如潮，跟他的刻苦用功是密不可分的。在曾文家书房里有个大书柜，里面的书籍全都与旅游知识相关，不仅有迪庆本地的，更多的是世界各地的风土民情介绍。“导游必须是‘博学家’，要有学无止境的精神，才能带好团，才能不被旅游者问倒；导游要积极向上，需要更多的知识储备，需要时刻不忘地给自己充电”。曾文这样说，也坚持这样去做。

迪庆旅游发展至今已经有了30年历程，曾文在这个阵地上一干就是20多个年头，曾文离不开他所热爱的旅游事业，导游工作就是他生命的全部。如今，年过半百的他依然战斗在迪庆旅游的第一线。他对旅游者的真诚与贴心、对同行的友好与合作、对后辈的关爱和培养赢得了业内的尊重和敬佩，载誉无数。他把旅游事业当作他一生的追求，无怨无悔，无愧“优秀导游”的光荣称号。

一段好的导游讲解，需要导游个人在理解材料的基础上对材料进行二次加工，才具有文化内涵和个人特色，这样的语言艺术是智能导游不具备的。另外，导游的价值并非仅体现在对景点的讲解上，更体现为对一个地方的文化、风俗的深度了解。未来，智能导游也许可以取代人工导游，但是现在一段时期内，智能导游还不能取代人工导游。

项目二

导游人员

学习目标

1. 能够准确描述导游人员的概念和导游人员应具备的综合素质条件。
2. 能够准确描述导游人员的类型及工作职责，并正确认识导游这个职业。
3. 能够准确描述导游人员的管理星级评定制度、导游认证体系、全国旅游监管服务信息系统。
4. 培养学生的职业素养和责任意识。

任务一 ● 导游人员的条件

任务描述

李文中职毕业后，想要从事导游工作。请帮助李文分析一下，成为导游人员应该具备的条件。

任务内容

一、导游人员的概念

导游人员是指符合《导游人员条例》的规定，取得导游资格证书，接受旅行社委派，为旅游者提供向导、讲解及相关旅游服务的人员。

二、导游人员的职业资格条件

（一）导游人员的资格条件和从业条件

1. 导游人员资格证书

按照有关规定，凡具有高级中学、中等专业学校或以上学历，身体健康，具有适应导游需要的基本知识和语言表达能力的中华人民共和国公民，均可以参加导游人员资格考试；经考试合格的，由国务院旅游行政管理部门或者国务院旅游行政管理部门委托省、自治区、直辖市人民政府旅游行政管理部门颁发导游人员资格证书（见图 2-1），电子导游证见图 2-2。

图 2-1　导游资格证书

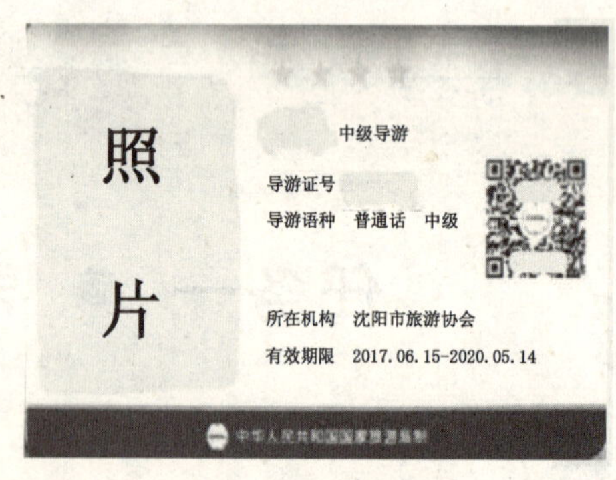

图 2-2　电子导游证

2. 导游证

有下列情形之一的，不得颁发导游资格证书：

（1）无民事行为能力或者限制民事行为能力的；

（2）患有传染性疾病的；

（3）受过刑事处罚的，过失犯罪的除外；

（4）被吊销导游资格证书的。

导游资格证书的有效期为 3 年，持证人需要在有效期满后继续从事导游活动的，应当在有效期限届满 3 个月前，向所在的省、自治区、直辖市人民政府旅游行政管理部门申请办理换发导游资格证书手续。

（二）导游人员的等级资格条件

导游人员按照技术等级可以划分为初级导游人员、中级导游人员、高级导游人员和特级导游人员（见表 2-1）。在初级、中级、高级和特级导游人员中，中级导游人员所占比重最大，他们是旅行业务的骨干；高级和特级导游人员代表着我国导游服务的最高水平，他们是旅行社业务的精英。

导游人员的概念

表 2-1 导游人员的等级资格条件对照表

等级	学历条件		知识条件	技能条件	服务质量		年限条件
	外语导游	中文导游			投诉情况	旅游者反映	
初级导游员	外语大专或非外语本科及以上学历	高中以上学历	具有与导游工作有关的知识	掌握一定的专业技能，完成所在企业要求的工作	无服务质量的重大投诉	旅游者反映良好率不低于 85%	取得导游资格证后工作满 1 年
中级导游员		大专及以上学历	系统、熟练地掌握与导游工作有关的知识	有较强的专业技能，业绩明显		旅游者反映良好率不低于 90%	取得初级导游人员资格 2 年以上
高级导游员			能全面、系统、熟练地掌握与导游工作有关的知识	有娴熟的专业技能和业务研究能力，业绩突出		旅游者反映良好率不低于 95%	取得中级导游人员资格 4 年以上
特级导游员			能全面、系统、熟练地掌握与导游工作有关的知识，并在这一知识领域有较深的造诣	有较强的业务研究能力，能创作富有思想性、艺术性和立论确凿的导游词，职业道德高尚，工作成绩优异，有突出贡献，有业内有较大影响力		旅游者反映良好率不低于 98%	取得高级导游人员资格 5 年以上

三、导游人员的综合素质条件

（一）敬业爱岗

敬业爱岗，就是导游人员要热爱祖国和人民，热爱本职工作，有强烈的工作责任心和工作热情。

敬业爱岗，还要求导游人员具有创新精神，这是市场经济条件下赋予敬业爱岗的内涵。

（二）知识渊博

知识性强是导游服务的特色之一。导游人员应当尽力使自己成为一个“杂家”。但其具有的知识仍然有内在的结构性和系统性，主要包括：

（1）社会政治、经济、文化、军事、体育等方面的综合知识。

（2）相关学科知识。如历史学、考古学、汉语言文学、哲学、心理学、社会学、美学、文化人类学、大众传播学、公共关系学等。

（3）专业基础知识。

（三）有一定的专业技能

1. 语言表达能力

语言表达能力是导游人员的基本能力，口语是导游语言的主要形式。导游语言主要由两部分组成：一是对语言知识的储备与把握；二是对语言运用的具体环境的熟悉与调适。

2. 人际交往能力

人际交往能力是导游人员的一项基本能力。导游服务是导游人员在与旅游者打交道的过程中完成的。因此，进行人际交往是做好导游服务的前提和基础。

主动、宽容和服务性是导游人员顺利实现与旅游者友好交往的基本原则。

3. 组织协调能力

组织协调能力包括游览路线的安排与组合，旅游团队内部关系的协调，有关接待单位接待工作的协调等。

4. 应变能力

旅游团（者）在旅游活动过程中，各种意外都有可能发生。而这些问题处理的时间性和政策性都很强，要求导游人员一定要及时、果断、合情合理地进行处理，这对导游人员的应变能力是一种严峻的考验。

5. 相关的专项技能

导游的相关专项技能包括很多种，如外语技能、心理咨询与治疗技能、保健与救护技能、摄影技能、汽车驾驶技能、娱乐技能和必要的体育技能等。

（四）身心健康

导游工作流动性强，体力消耗大，工作环境复杂，问题处理难度高，而且要面对各种诱惑。所以，导游人员不仅要有健康的体魄，还要有健康的思想、乐观向上的态度以及平衡的心理。

(五)良好的个人形象

详见“树立导游人员的良好形象”。

任务练习

小王是某旅行社新招聘的导游,对所在城市游览点的导游词已经背得滚瓜烂熟,对自己的工作充满信心。一天,他带领旅游者去游览岳王庙。在正殿,小王讲解道:“这天花板上绘的是松鹤图,共有372只仙鹤,在苍松翠柏之间飞翔,寓意岳飞精忠报国精神万古长青。”一位旅游者听了后,就问小王:“为什么是372只仙鹤,而不是371只或是373只?这有什么讲究吗?”小王倒是很爽快,回答说:“这个我不清楚,应该没什么讲究吧!”

来到碑廊区,小王指着墙上“尽忠报国”四个字,说这是明代书法家洪珠所写。团中一位年轻人不解地问小王:“为什么前面正殿墙上写的是‘精忠报国’,而这儿却写成‘尽忠报国’呢?”小王考虑了一会儿,支支吾吾道:“这两个字没什么区别,反正它们都是赞扬岳飞的。”那旅游者还想些说什么,小王却喊道:“走了,走了,我们去看看岳飞墓。”

到了墓区,小王指着墓道旁的石翁讲解:“这三对石人代表了岳飞生前的仪卫。”旅游者们没有听懂,要求小王解释一下“仪卫”是什么,小王犯难地说:“仪卫吗,就是为岳飞守坟的。”旅游者反问道:“放几个石人在这儿守坟有什么用呢?”小王说:“这个,我不知道。”

根据案例,谈一谈导游人员应具备哪些综合素质。

____

____

____

任务二 ● 导游人员的类型和职责

任务描述

导游业务课程

李文考取导游资格证后,进入旅行社开始从事导游工作。但是,她不知道自己应该做地陪还是做领队。请帮助李文分析导游人员的类型及职责,以便她进行选择。

任务内容

一、导游人员类型的划分

（一）按业务范围划分

海外领队：受经营出入境旅游业务的旅行社的委派，全权代表旅行社带领旅游团从事旅游活动。

全陪：受组团社委派，作为组团社的代表，在领队和地陪的配合下实施接待计划，为旅游团（者）提供全旅程陪同服务。

地陪：受接待旅行社委派，代表接待社实施接待计划，为旅游团（者）提供当地旅游安排、讲解、翻译等服务。

景点（区）导游人员：通称讲解员，受雇于景点景区经营管理部门，主要从事景点（区）的导游讲解服务。

（二）按职业性质划分

按职业性质划分，导游人员可分为专职导游人员和兼职导游人员。

（1）专职导游人员相对固定地供职于某一个旅行社或导游公司。他们的导游服务行为直接受到旅行社或导游公司经营行为的激励与制约，服务质量比较稳定，市场认可度比较高，是我国当前旅游队伍的中坚力量。

（2）兼职导游人员也称业余导游人员。他们不以导游作为自己的主要职业或正式职业，主要利用自己的业余时间从事导游服务活动。

（三）按导游使用的语言划分

按导游使用语言划分，导游人员可分为中文导游人员和外文导游人员。

（1）中文导游人员使用的语言包括普通话、地方话或少数民族语言。中文导游人员主要从事中国公民的国内旅游和入境旅游中的外国侨胞的导游服务。

（2）外文导游人员是指使用中文以外的非本土语言的导游人员，主要为入境旅游的外国旅游者和出境旅游的中国公民提供服务。目前，我国的外文导游人员使用英语的占大多数，由于使用其他外国语言的人数比较少，被称为小语种导游人员。

（四）按技术等级划分

按技术等级划分（见图2-3），导游人员可分为初级导游人员、中级导游人员、高级导游人员和特级导游人员。

导游人员技术等级评定是旅游行政管理部门为加强导游队伍的建设，激励导游从业人员发奋努力、不断进取，为中外旅游者提供满意的导游服务所采取的重要举措。

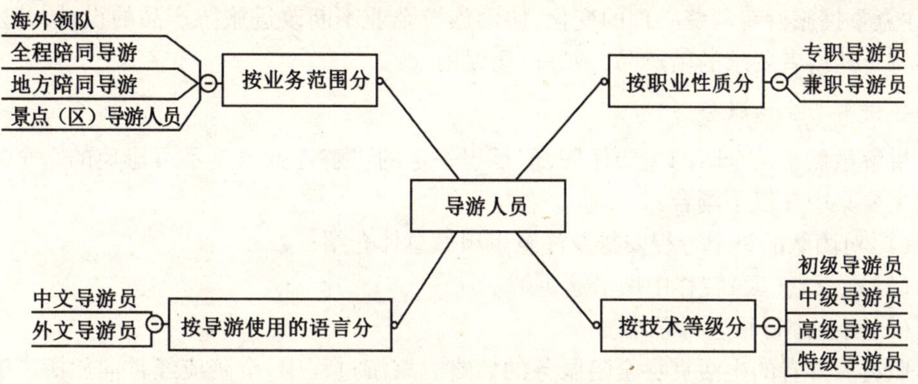

图 2-3 导游人员类型图

二、导游人员的主要职责

依据国家技术监督局颁布的《导游服务质量》和中等职业学校旅游服务与管理专业的培养目标，以及各地导游资格考试的实际情况，这里重点介绍全陪、地陪和景点(区)导游人员的职责。

(一)全陪的主要职责

作为组团社的代表，全陪在所带领的旅游团(者)中起着主导作用，对全团旅游活动负有全责，其职责主要有：

1. 实施旅游接待计划

旅游接待计划是按照旅游合同约定的内容，经过组团社与接待社充分协商后而拟定的，是导游人员向旅游者提供导游服务的基本依据，全陪必须监督各地方接待旅行社严格执行。如发现有降低质量标准或减少旅游项目等现象时，全陪要站在维护旅游者利益和组团社形象的立场上及时指出，并予以纠正，以避免与旅游者发生纠纷，影响组团社的声誉。

2. 做好组织协调工作

组织协调工作贯穿于全陪工作的始终。全陪的组织协调的能力是旅游团(者)旅游活动能否顺利进行的关键。全陪的组织协调工作具体包括：协调旅游者与导游集体成员之间的关系，协调导游集体成员之间以及导游与司机的关系，协调旅游团(者)与相关接待部门的关系，以及负责上下站的联络。

3. 维护安全，处理事故

安全是任何旅游团(者)开展旅游活动的首要问题，全陪是旅游安全的第一责任人。因此全陪必须竭尽全力,维护旅游者在旅游过程中的人身和财物安全,如果发生突发性事故,全陪应当耐心解答旅游者的各种问询,热情介绍当地旅游资源;开展市场调研,注意掌握旅游者消费心理的变化,协助旅游企业不断改进旅游产品的设计,开发出更多符合旅游者要求的新产品,做好市场促销。

4. 讲解与生活服务

讲解虽然不是全陪的主要任务,但承担一定的讲解任务也是不可避免的。全陪的讲解主要集中在以下场合:

(1)对团队的整个行程安排及注意事项做总体介绍;

(2)在景点(区)转移中做沿途讲解;

(3)对整个行程进行总结。

照料旅游者的生活贯穿全陪服务的始终。旅游过程中,全陪应经常向旅游者嘘寒问暖,关心老弱病残,努力解决好旅游者提出的各种问题与要求。

(二)地陪的主要职责

地陪是接待社的代表,是旅游接待计划在当地的执行者、旅游团(者)在当地的旅游活动的组织者和实施者。地陪的主要职责有:

1. 安排和组织旅游者在当地的旅游活动

地陪要根据旅游接待计划和旅游团(者)的具体情况,合理安排好在当地的旅游路线,并组织好旅游团(者)在当地进行食、住、行、游、购、娱等旅游消费活动。

2. 做好目的地导游讲解工作

导游讲解是地陪工作的重点,也是地陪服务的基本功。因此,地陪必须认真做好导游讲解工作,积极讲解当地旅游点的人文和自然情况,介绍风土人情和习俗,但是不得迎合个别旅游者的低级趣味,在讲解中掺杂庸俗下流的内容。

3. 维护安全,处理事故

维护旅游者的安全,处理旅游过程中发生的一切事故,不仅是全陪的主要职责,也是地陪不可推卸的责任。旅游团(者)的安全在导游集体中实行"全员责任制"。如果说全陪是旅游团(者)安全的第一责任人,那么地陪就是旅游团(者)在当地安全的具体责任人。地陪必须维护旅游者在当地旅游过程中的人身和财物安全,做好事故防范和安全提示工作,妥善处理好旅游者在当地旅游过程中发生的各种问题,诸如旅游者走失、患病、死亡、证件和行李丢失,等等。

(三)景点(区)导游人员的主要职责

景点(区)导游人员的工作形式比较单一,但工作内容却具有相当的深度和难度。景点(区)导游人员的主要职责有:

1. 导游讲解

景点(区)导游人员的讲解,要声情并茂,要有一定的知识深度,要尽力挖掘景点

(区)的文化内涵,给旅游者一些智慧和人生启迪。

2. 解答疑问

景点(区)由于主题突出,内容丰富,因而往往会引起一些旅游者的兴趣,对导游人员的讲解内容或景点(区)中的某个具体景物提出一些疑问。景点(区)导游人员要积累一些与景点(区)有关的专业知识,以便正确回答旅游者的各种问题。

3. 提示安全

景点(区)旅游设施繁多,特别是一些科技含量较高的景点(区)对旅游者参观游览都有各种特殊要求,以保证旅游者的人身安全和场馆的设备安全。对于这些安全要求,景点(区)导游人员要适时进行安全提示,并协助景区管理人员处理好出现的各种问题。

任务练习

根据导游人员的类型划分和工作职责,完成下面的表格。

划分标准	导游类型	主要职责	要点备注
按业务范围分			

任务三 ● 导游人员的管理

任务描述

1. 掌握导游人员管理的星级评定制度、导游认证体系、全国旅游监管服务信息系统。

2. 使导游人员能够遵守管理办法,按管理要求进行导游服务工作。

3. 培养学生爱学习、重规范、乐服务等专业意识。

任务内容

一、导游服务星级评定制度

导游服务星级评定是对导游服务水平的综合评价，星级评定指标由技能水平、学习培训经历、从业年限、奖惩情况、执业经历和社会评价等构成。对导游在从业过程中的服务水平所达到的质量等级，以星级形式给予认定，共分为五个等级，由高到低依次为五星级、四星级、三星级、二星级、一星级。导游服务星级评定指标通过全国旅游监管服务信息系统自动生成，并根据导游执业情况每年度更新一次。

星级评定注重导游服务质量评价，是一种新的激励机制和选拔机制。对旅行社而言，其可以根据导游等级及星级两个指标来确定选用导游，从而更好地提高旅游服务水平。对导游而言，星级评价制度可以促进导游在岗学习，调动工作积极性，符合终身学习理念。

旅游主管部门、旅游行业组织和旅行社等单位将通过全国旅游监管服务信息系统，及时、真实地备注各自获取的导游奖惩情况等信息。

二、导游人员的认证

星级评定制度是口碑的量化。但是，口碑是很难进行采集、量化、统计的，进而信用管理也就会失去依托。如何对导游星级评定的数据进行有效的收集呢？为实现这一目标，电子导游证应运而生。导游证电子化将口碑进行数据化、量化，将旅游者评价转变为企业的“信用指标”。

电子导游证是国家旅游局实行全国旅游监管服务的新一代导游身份标识，是集导游执业、导游执业信息记录、导游服务评价和投诉、旅游监管执法等多种功能于一体的综合化信息体系。电子导游证以电子数据形式保存于导游个人移动电话等移动终端设备中。

电子导游证具有五种功能：

1. 方便保管

导游通过平台申请领取基于智能移动端的电子导游证，取代原有导游 IC 卡，更加方便导游领证、执业、保管。

2. 全面监管

平台是导游执业的“记录仪”，归集了导游执业信息、旅游者评价及奖惩投诉信息、带团实时位置等，实现对导游事中、事后监管。

3. 实时评价

旅游者可通过手机扫描电子导游证件上的二维码获取导游基本信息，还可参与导游带团成果评价，自主给予导游服务星级评定，获得好评及优秀的导游，其导游评价分值将会上升，进而获得更多执业机会；相反，被差评或者从不执业的导游，导游评价分值会降低。

4. 远程执法

旅游执法人员通过平台实时查询导游位置、认证导游信息、核对行程单和电子合同、在线记录导游违法信息等，提升执法信息化水平。

5. 全方位服务

随着平台建设的不断完善，将实现导游网上培训、星级评价、信息咨询、突发事件应急管理等公共服务。

三、全国旅游监管服务信息系统

全国旅游监管服务信息系统是电子导游证的依托平台，是导游电子证管理的母体，也是导游大数据汇集的中心，更是导游星级评定的"中枢"。电子导游证在这个平台上，才可以发挥应有作用。

全国旅游监管服务信息系统的三大作用：

(1) 调动社会力量参与市场监督，实现"社会化"监管。旅游者的投诉和评价，汇成了最好的市场监督和竞争机制，"好评"就成为企业和经营服务者在市场上的"通行证"，"差评"就是市场对企业和经营服务者的"审判书"。

(2) 对导游经营行为进行全程监控，实现"实时化"监管。平台相当于在导游执业时安装的一个"天眼"，通过电子合同、电子行程单、导游电子定位，对导游执业全时段、全过程进行监控。

(3) 抽掉各种层级的分割与壁垒，实现"扁平化"监管。一个投诉、一个指令在配发到各级部门的同时，还可调度投诉处理进度，防止了人为选择性的过滤，省去了层层报送的"时间差"。

任务练习

认真学习《导游管理办法》，然后简单谈谈你对导游成长之路的几点认识。

____

____

____

如何申领电子导游证

第一步:注册登录

首先登录“全国旅游监管服务平台”(http://jianguan.12301.cn)(见图2-4),然后通过“导游入口”进入登录界面。

第二步:导游注册

如果导游没有在系统内进行注册,则需要在登录界面进行“用户注册”。进入注册界面(见图2-4),导游需要输入自己的真实手机号,然后输入手机接收到的短信验证码和密码(要记住密码,以后登录要使用)进行注册。注册成功后,系统自动登录并跳转到导游认证资料提交界面。

第三步:导游身份认证

导游身份认证,只有获得了导游人员资格证书号才有资格申请,信息提交一共分为三步:

1. 校验导游资格。输入姓名、身份证号和导游人员资格证书号进行提交。只有所有输入项都校验通过,系统才会自动跳转到第二步。

2. 提交个人信息。带“*”的为必填的选项,填完所有必填选项才能进入下一步。

在填写信息时,要注意以下几项:

(1)必须选对所属省级旅游委和市级旅游委,否则会影响电子导游证的审批。

(2)证件照一定要是白底的、近期的、清晰的、免冠证件照。

3. 提交审核。查看前面两步输入的内容,若有误,可点击“重新录入信息”按钮回到上一步修改资料信息;若信息确认正确,可点击“确认提交”按钮进行提交。

提交成功后,对应的所在机构将会收到导游提交的申请;系统显示提交成功的提示信息和“撤回申请,重新填写资料”按钮。所在机构和旅游委审批通过或者驳回申请,导游都会收到短信通知。若申请被驳回,登录后便直接显示驳回原因。

图 2-4 全国旅游监管服务平台

项目三

地陪导游服务规范

学习目标

1. 能够准确描述地陪导游服务的各个流程及规范。
2. 能够按照地陪导游服务的流程及规范进行操作。
3. 培养学生的应变能力、沟通协调能力、团结合作能力、语言表达能力。
4. 培养学生的服务意识、环保意识、文明旅游意识。

任务一 ● 准备工作

任务描述

李文取得导游资格证书后，成为旅行社的一名专职导游人员。三天前，旅行社交给她一份旅游团接待计划，让她做这个旅游团的地陪。请你帮助李文做好接待这个旅游团的准备工作。

任务内容

一、计划准备

接待计划是组团社委托各地方接待社组织落实旅游团活动的契约性安排，是导游人员了解旅行团基本情况和安排日程的依据。计划准备的具体内容如下：

（一）熟悉、研究接待计划

地陪在旅游团抵达之前，要认真、仔细阅读旅行社下发的旅游团队接待计划和有关资料，详细了解该团队的服务项目和要求（见表3-1）。

表3-1　旅行社团队计划书

<table>
<tr><td>接待社</td><td colspan="4"></td><td>国别</td><td colspan="2"></td><td colspan="2">人数</td><td></td></tr>
<tr><td>组团社</td><td colspan="2"></td><td colspan="2">组团社计划号</td><td colspan="2"></td><td colspan="2">旅行等级</td><td colspan="2"></td></tr>
<tr><td>抵达日期
车/机 次</td><td colspan="4">年　月　日</td><td>地陪</td><td colspan="5"></td></tr>
<tr><td>离开日期
车/机 次</td><td colspan="4">年　月　日</td><td>全陪</td><td colspan="5"></td></tr>
<tr><td>出车单
位/司机</td><td colspan="4"></td><td>车型车号</td><td colspan="5"></td></tr>
<tr><td rowspan="2">日期</td><td colspan="3">用餐地点</td><td>参观景点
或项目</td><td rowspan="2">下榻
酒店</td><td colspan="4">旅游者用房数</td><td rowspan="2">司
陪
房</td></tr>
<tr><td>早餐</td><td>中餐</td><td>晚餐</td><td>详细景点</td><td>单人</td><td>双人</td><td>三人</td><td>套间</td></tr>
<tr><td></td><td></td><td></td><td></td><td></td><td></td><td></td><td></td><td></td><td></td><td></td></tr>
<tr><td></td><td></td><td></td><td></td><td></td><td></td><td></td><td></td><td></td><td></td><td></td></tr>
<tr><td></td><td></td><td></td><td></td><td></td><td></td><td></td><td></td><td></td><td></td><td></td></tr>
<tr><td></td><td></td><td></td><td></td><td></td><td></td><td></td><td></td><td></td><td></td><td></td></tr>
<tr><td></td><td></td><td></td><td></td><td></td><td></td><td></td><td></td><td></td><td></td><td></td></tr>
<tr><td></td><td></td><td></td><td></td><td></td><td></td><td></td><td></td><td></td><td></td><td></td></tr>
<tr><td></td><td></td><td></td><td></td><td></td><td></td><td></td><td></td><td></td><td></td><td></td></tr>
<tr><td>备注</td><td colspan="10"></td></tr>
</table>

（1）旅游团的基本情况，具体包括：接待计划签发单位（组团社）、联络人的姓名及电话号码；客源地组团社名称、旅游团名称、代号、国籍、语种、收费标准（豪华团、标准团、经济团）和领队的姓名；全程线路、出入境地点等。

（2）旅游团队成员情况，具体包括：旅游团人数、性别、姓名、年龄、职业、文化层次、宗教信仰、风俗习惯等。

(3)旅游交通情况,具体包括:旅游团的上一站所乘交通工具及班次、抵达时刻;离开本站的交通票据是否订妥,与原计划有无变更及更改后的落实情况;若是出境机票,要弄清票种是OK票还是OPEN票。。

(4)旅游团的活动安排,包括浏览景点、住宿和餐饮等。

(5)掌握特殊要求和注意事项:

①该团在住房、用车、游览、用餐等方面是否有特殊要求;

②该团是否要求有关方面负责人出现迎送、会见、宴请等礼遇;

③该团是否有老弱病残等需要特殊服务的旅游者;

④该团的接待规范及服务范围(特别是儿童的接待)。

(二)制定旅游活动日程

地陪计划准备

地陪导游人员在了解并分析了旅游团基本情况后,要在严格遵守旅游合同的基础上制定出合理的活动日程。制定旅游活动日程时,应注意:

(1)本着"宾客至上、服务至上"的原则。

(2)活动内容的安排要适合旅游团成员的特点,注意点面结合,不同类别的旅游资源要科学搭配,避免雷同,时间上要留有余地,做到劳逸结合。

(3)游、购、娱相结合。通常来说,旅游参观的景点是固定的,旅游购物时间和娱乐活动时间有较大的弹性。

(4)要注意旅游线路的合理性,遵循顺路原则。旅游行程安排要科学合理,尽量避免走回头路,造成旅游者审美疲劳,同时造成旅行社经营成本的增加。

(三)落实接待事宜

为了避免出差错,地陪应在旅游团抵达的前一天,落实相关事宜。

1. 落实旅行车辆安排

地陪应该与旅游大巴车公司取得联系,确认旅游团大巴车司机的姓名、联系电话、车型、车牌号、座位数、车的新旧程度;与司机商定集合的时间与地点,确保提前半小时抵达接站地点。

2. 落实住房安排

地陪要熟悉下榻酒店的名称、地理位置、服务设施、服务项目、交通情况等。地陪要给酒店打电话核实旅游团预订情况,如房间的数目、等级、用房时间及收费情况等。

3. 落实用餐安排

地陪应提前和负责游客用餐的餐厅取得联系,核实旅游团用餐安排情况,包括用餐时间、用餐人数、用餐标准、特殊要求及陪同人数等。

4. 落实旅游团有关活动安排

如果旅游接待计划内有会见、宴请等活动,地陪要提前通知相关接待单位,商定接待方法、标准、具体礼仪等事宜，了解自己需要从哪些方面进行旅游者提供满意的服务。

5. 掌握联系电话

地陪要随身携带旅行社各部门、下榻酒店、用餐餐厅、旅游大巴车车队、旅游景区、购物商店等部门的主要联系人的联系方式，包括组团社计调员、全陪、领队、旅游车司机、行李员的联系方式，掌握旅游急救电话，保持手机畅通。

另外，导游人员可以自制表格，检查团队准备工作的落实情况（见表3-2）。

表3-2 落实接待计划表

<table>
<tr><td>团　　号</td><td colspan="3"></td><td colspan="2">人　　数</td><td colspan="2"></td></tr>
<tr><td>全陪姓名</td><td colspan="3"></td><td colspan="2">全陪电话</td><td colspan="2"></td></tr>
<tr><td>到站时间</td><td colspan="3">月　　日　　时到站</td><td colspan="2">离站时间</td><td colspan="2">月　　日　　时到站</td></tr>
<tr><td>出团准备</td><td colspan="3">导游证
团队接待计划
接待工作一览表
足够的团款</td><td colspan="2">导游旗
门票________张
记事本
意见反馈单</td><td colspan="2">接站牌
返程票________张
通信工具
行李牌</td></tr>
<tr><td rowspan="2">用车计划</td><td>司机</td><td colspan="2"></td><td>电话</td><td></td><td>车号</td><td></td></tr>
<tr><td>备注</td><td colspan="6">路桥费（司机付、导游付）停车费（司机付、导游付）</td></tr>
<tr><td rowspan="10">用
餐
计
划</td><td>时间</td><td>餐次</td><td colspan="2">地点</td><td>餐标</td><td>金额</td><td>备　注</td></tr>
<tr><td rowspan="3">21日</td><td>早</td><td colspan="2"></td><td></td><td></td><td>含早</td></tr>
<tr><td>中</td><td colspan="2"></td><td></td><td></td><td>签单</td></tr>
<tr><td>晚</td><td colspan="2"></td><td></td><td></td><td>现付</td></tr>
<tr><td rowspan="3">22日</td><td>早</td><td colspan="2"></td><td></td><td></td><td></td></tr>
<tr><td>中</td><td colspan="2"></td><td></td><td></td><td></td></tr>
<tr><td>晚</td><td colspan="2"></td><td></td><td></td><td></td></tr>
<tr><td rowspan="3">23日</td><td>早</td><td colspan="2"></td><td></td><td></td><td></td></tr>
<tr><td>中</td><td colspan="2"></td><td></td><td></td><td></td></tr>
<tr><td>晚</td><td colspan="2"></td><td></td><td></td><td></td></tr>
<tr><td rowspan="6">入
住
计
划</td><td>酒店</td><td>标准</td><td>房间数</td><td>单价</td><td>天数</td><td>金额</td><td>备注</td></tr>
<tr><td rowspan="5"></td><td>单人间</td><td></td><td></td><td></td><td></td><td rowspan="5">现金
支票
签单</td></tr>
<tr><td>双标间</td><td></td><td></td><td></td><td></td></tr>
<tr><td>大床间</td><td></td><td></td><td></td><td></td></tr>
<tr><td>三人间</td><td></td><td></td><td></td><td></td></tr>
<tr><td>陪同间</td><td></td><td></td><td></td><td></td></tr>
<tr><td rowspan="3">购物情况</td><td colspan="2">购物店1</td><td colspan="5"></td></tr>
<tr><td colspan="2">购物店2</td><td colspan="5"></td></tr>
<tr><td colspan="2">购物店3</td><td colspan="5"></td></tr>
<tr><td>备
注</td><td colspan="7">1. 有借款，金额________元；
2. 有房卡押金，金额________元；
3. 滑雪场山门门票，共________元；
4. 团队中有旅游者过生日，日期。________</td></tr>
</table>

二、知识准备

(1)更新常规知识,如城市规范、景区级别一般是固定的,一旦发生变化,地陪要及时掌握最新情况,更新讲解内容。

(2)根据接待计划上确定的参观游览项目,对重点内容,特别是对自己不够熟悉的内容,做好翻译和介绍资料的准备。

(3)接待有专业要求的团队,要做好相关专业知识、专业术语、词汇等。

(4)导游人员要了解一些当前的热门话题、国内外重大新闻、旅游者可能感兴趣的话题等。

三、心理准备

知识、物质准备

地陪工作不仅要承受体力上的辛苦,还有承受心理上的辛苦。

(一)要准备面临艰苦的工作

地陪在为接待旅游团做各种准备工作的同时,还要有充分的面临艰苦复杂工作的心理准备。

(二)要准备承受抱怨和投诉

导游人员的工作复杂辛苦,有时付出不一定有回报,还要受到一些旅游者的挑剔、冷嘲热讽、抱怨指责,甚至是投诉。所以,地陪要有足够的心理准备来随时面对这样的旅游者群体,也要心态平和、沉着冷静地应对各种难题,做好旅游者服务。

四、形象准备

导游人员是一个国家、地区的形象大使,有着"民间形象大使"的称号。作为形象大使,导游人员不仅要有文化内涵,也要讲究形象礼仪。

(一)着装符合导游身份

导游人员的着装要符合本地区、本民族的着装特点和导游人员的身份,方便导游服务工作。接团当天,地陪要穿社服或旅行社要求的正装;第二天以后,也可穿着便装或休闲服,但衣着要整洁、大方、自然,佩戴首饰要适度,不浓妆艳抹。

(二)佩戴身份卡

地陪上团时,必须将导游证佩戴在胸前。

五、物质准备

地陪接团前应准备好以下物品:按照该团旅游者人数领取的导游图、各种结算单据和费用,带好接待计划、导游证、胸卡、导游旗、接站牌等物品。

知己知彼，百战不殆

某年11月,××旅行社的导游人员孟小姐接待了一个十余人的外国旅游团。那些旅游者很爱提问,经常要求孟小姐介绍一些近期的新闻。孟小姐对大家的问题有问必答,显得十分自信。她告诉大家,中国自从改革开放以来,已经取得了举世瞩目的成就,在世界上的地位也越来越高,中华人民共和国成立60周年庆祝活动便充分体现出中国的实力。

突然,一位旅游者问她是否知道美国宇航员对“哈勃”太空望远镜进行改造的情况。孟小姐坦诚地回答,对那件事的细节能并不十分了解。希望这位旅游者能向大家详细地讲解一下。旅游者得意地把1998年2月美国7名宇航员乘坐“发现号”航天飞机升空,对在太空飞行了7年的太空望远镜进行改造的事件过程做了描述。

一路上,孟小姐还结合旅游者所了解的一些历史事件向他们介绍了长城的历史和修建情况,把长城与第二次世界大战期间法国人所修的“马其诺防线”做了比较,讲到登月的美国宇航员在太空看到中国长城和荷兰防洪大堤的事实。大家对孟小姐的讲解很感兴趣,不断夸奖她知识广博。但孟小姐却对自己对有关宇航员改造太空望远镜的事情缺乏了解而感到自责,下决心回去后一定要好好查看一下资料,为今后的接待工作做好准备。

请运用所学知识分析,孟小姐此处带团工作哪方面准备工作做得不足?需要如何做好这方面的准备?

____

____

____

任务二 ● 迎接服务

任务描述

李文从计划准备、知识准备、物质准备、心理准备、形象准备五个方面入手，做好了接待旅游团的准备工作。明天旅游团就要抵达，请帮助李文做好旅游团的迎接工作。

任务内容

接站服务，是指地陪前往机场（车站、码头）迎候旅游团，并将旅游团转移到所下榻酒店过程中所要做的工作。

一、旅游团抵达前的服务准备工作

（一）确认旅游团所乘交通工具的准确抵达时间，以免漏接

出发前，至少应在飞机抵达预定时间前 2 小时，火车、轮船抵达预定时间前 1 小时向问讯处问清所接旅游团乘坐航班（车、船）次的准确抵达时间。

（二）与旅行车司机联系

导游应该提前与旅行车司机联系，与其商定出发时间，确保按时抵达接站地点。

（三）提前抵达接站地点

地陪应提前抵达机场（车站、码头），并在抵达接站点后再次核实车辆停放位置。

（四）再次核实航班（车、船）次抵达的准确时间

地陪抵达接站地点后，应到机场（车站、码头）问讯处确认或通过航班（车次、船次）抵达显示屏确认准确的抵达时间。

（五）持接站标志迎候旅游团

旅游团所乘交通工具抵达后，地陪应在旅游团出站前，持本社导游旗或接站牌站立在出站口的醒目位置，热情迎接旅游团。接站牌上应写清团名、团号、领队或全陪姓名；

接待小型旅游团或无领队、无全陪的旅游团时，要在接站牌上写上旅游者的姓名、单位或客源地。

二、旅游团抵达后的服务

（一）认找旅游团

旅游团所乘航班（车次、船次）的旅游者出站时，地陪要设法尽快找到所接旅游团。要举接站牌站在明显的位置上，让领队或全陪（或旅游者）前来联系，同时地陪还应该根据旅游者的民族特征、衣着、组团社的徽记等做出判断，主动上前询问。

找到旅游团后，地陪应该问清该团的来源地、客源地组团社名称、领队及全陪姓名等。如该团无领队和全陪，则应与该团所有成员核对相关事宜，一切信息核实后才能确定是自己应接的旅游团，以免错接。

（二）核实人数

在确认旅游团队后，地陪应及时向全陪或领队核实人数。若与原定人数不符，要及时报告旅行社计调部门，以便旅行社及时调整接待方案。

（三）集中清点行李

如旅游团是乘坐飞机抵达的，地陪应协助旅游者将不随身携带的行李集中放置到指定位置，提醒他们检查各自的行李物品是否完好无损，然后与领队、全陪、行李员一起清点并核实行李件数，填好行李卡（一式两份），与行李员双方签字，一份交予行李员，由行李员把行李统一运往指定的地点。如在检查过程中发现有行李未到或破损现象，地陪应协助当事人到机场失物登记处或有关部门进行行李丢失登记和申报赔偿手续。

若所接旅游团乘坐火车抵达，在接到旅游团后，地陪应向全陪或领队索取行李托运单，并将单据交给行李员，同样需填写行李卡，行李卡上应注明团名、人数、行李件数、下榻酒店，一式两份，双方签字。

（四）询问旅游团情况

向领队或全陪了解旅游团情况，旅游有无特殊要求，旅游计划有无重大变化，以便采取相应措施。

（五）集合登车

旅游者上车后，检查行李架上的行李物品是否放稳，协助他们就座，礼貌地清点人数，然后示意司机开车。

三、旅游团赴酒店转移途中的服务

赴酒店转移途中的服务是指导游人员带旅游团离开机场（车站、码头）前往所下榻酒店的整个过程的服务。

（一）致欢迎辞

欢迎辞是地陪对旅游者的真诚欢迎，是给旅游者留下良好第一印象的关键，是地陪在气质、学识、语言方面的展现。一篇富有激情、真诚的欢迎辞，能快速地缩短与旅游者的距离，消除初次见面的拘谨与陌生感。

地陪欢迎辞内容包括：

（1）代表所在接待社、本人及司机欢迎游客光临本地。

（2）介绍自己的姓名及所属单位。

（3）介绍司机。

（4）表明为旅游者提供服务的工作态度和希望得到合作的诚挚愿望。

（5）预祝旅游愉快和顺利。

（二）首次沿途导游

导游的首次沿途讲解会使旅游者产生信任感和满足感，从而使导游人员在他们的心中留下深刻印象，内容具体包括：

1. 风光介绍

地陪做沿途风光介绍时，要做到“车移景移”，讲解的内容要随着车窗外景物的移动而变化，做到见人说人，见物说物。

2. 风情介绍

地陪要向旅游者介绍当地的风土人情，让旅游者全面了解当地人的生活境况。风情介绍可以从当地的概况着手，适时穿插沿途经过的重要建筑物、街道等景观，运用借景生情法进行介绍。

3. 酒店介绍

旅游车快要到下榻酒店时，地陪要向旅游者介绍下榻酒店的概况，包括地理位置、星级、规模、周边交通情况等。

4. 宣布集合地点及停车时间

当旅游车行驶到下榻酒店时，地陪应在旅游者下车前向全体旅游者讲清集合时间、地点及车牌号码。

5. 发放资料

根据旅行社规定，导游应向旅游者分发旅游图和社徽等资料。

地陪在旅游车上进行首次沿途讲解时，应做到以下五个方面：

(1)站在车的前端、司机的右后侧进行讲解。但是，应该避免在高速公路或者危险路段站立讲解。在旅游车就座时，导游应当在旅游车辆“导游专座”就座。

(2)面带微笑，表情自然。

(3)使用话筒时，切忌向话筒吹气或以手拍打话筒来试音，而应以问好的方式来询问旅游者音响效果和音量适度情况。

(4)应注意音量适中，节奏快慢得当，让车辆内每一个旅游者都能听清楚。

(5)对重要的内容要重点讲解或加以解释。

(三)帮助旅游者下车

旅游者下车时，导游人员应站在车门的一侧，辅助旅游者下车。

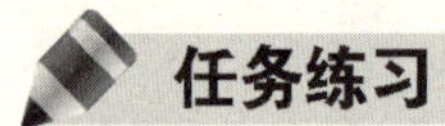

任务练习

介绍下榻酒店

各位旅游者，为了让大家在此次旅游活动中愉悦、舒心，我们旅行社特地为大家安排了本地最有特色、服务最好的一家酒店让各位下榻休息。

我们将要下榻的酒店叫世纪酒店，各位一定听说了吧，该酒店是四星级酒店，具有科学的管理、先进的设施和优质的服务，是旅游者的首选酒店。酒店坐落在××路，地处市中心繁华地带，交通十分便利。酒店内的设施配备齐全，中西餐厅24小时营业；大堂前厅设有商务中心、外汇兑换处及酒吧。酒店内的房间号是9层以下前面加“2”，如801房前面加“2”就为“2801”，10层以上就是楼层加房号。大家如果需要在酒店内打电话，请记住，房间与房间通话可直接拨房号，打长途电话时，先拨“0”，听到一声长鸣后，再拨您要拨的电话号码。每个房间都配有自费物品，如果您需要在房间内消费，请在离开包店前，主动去前台结账，可使用运通卡、长城卡、牡丹卡等信用卡。

大家进入酒店房间后，请认真检查房间中所提供的必需物品是否齐全，设备是否处于完好状态，如果有什么问题，请及时与我联络，我就在酒店的大堂等候大家。

好，酒店到了，请大家带上自己的随身物品和行李，下车后请在大堂稍候，我和领队去办理一下入住手续。

请模仿上述例子，为旅游者介绍下榻的酒店。

任务三 ● 入店服务

任务描述

导游人员在旅游者进入酒店时，为其提供周到的服务非常重要，因为酒店是旅游者在游览地“临时的家”。李文带着旅游团来到下榻的酒店，请帮助李文做好旅游者的入店服务。

任务内容

地陪应在旅游者抵达酒店后尽快办理好入店手续，让旅游者及时了解酒店的基本情况和住店的注意事项，知道当天及第二天的活动安排。

一、协助旅游团办理住房登记手续

(1)旅游团抵达酒店后，地陪可在酒店大堂内指定位置让旅游者稍做等候，并尽快向酒店总服务台讲明团队名称、订房单位。

(2)帮助填写住房登记表，并向总服务台提供旅游团名单，拿到住房卡(房间号)后，再请领队(如无领队就请全陪)分配房间和分发房门钥匙(或磁卡)。

(3)地陪应掌握所接待旅游者的房间号，并将自己的联系方法如房间号、电话号码等告诉全陪和领队，以便有事能及时联系。

二、介绍酒店设备与服务项目

进入酒店后，地陪应向全团介绍酒店内的外币兑换处、餐厅、娱乐场所、商品部、公共洗手间等设施的位置，并讲清住店注意事项，及各项服务的收费标准。

三、照顾旅游者和行李进房

旅游者进房时，地陪必须到旅游者所在楼层，协助楼层服务员做好接待工作，并负责核对行李，督促行李员将行李送至旅游者的房间。

四、带领旅游团用好第一餐

(1)旅游者进入房间之前，地陪应与全体成员约定集中用餐的时间和地点。

(2)等全体成员到齐后，亲自带领旅游者进入餐厅，向餐厅领座服务员询问本团的桌次，然后引领旅游者入座。

(3)等大家坐好后，地陪应向他们说明用餐规格，若有超出规定的服务要求，费用由旅游者自理等，以免产生误会。

(4)地陪要将领队介绍给餐厅经理或主管服务员，以便直接联系。

(5)等旅游者开始用餐，地陪方可离开。

(6)如果所带旅游团的第一餐安排在外宴请、品尝风味或用便餐，地陪必须提前通知到餐厅用餐的大概时间、团名、国籍、人数、标准、要求等。

五、通报当天和次日的行程安排

地陪应向全团通报有关当天和第二天活动的安排，集合的时间和地点。但为了安排得更合理，也可请领队或全陪通报。

六、确定叫早时间

地陪在结束当天活动离开酒店之前，应与领队、全陪商定第二天的叫早时间，并请领队通知全团；地陪则应通知酒店总服务台或楼层服务台。

七、处理旅游者入住后的问题

旅游者进入房间后，可能会遇到一些困难或问题，地陪要协助处理相关事宜。如：旅游者要求换房间朝向、换房间规格、客房设施有严重缺陷、客房卫生条件极差等。

任务练习

走访当地的四星级或五星级酒店，了解酒店入住流程，并模仿地陪导游对走访的酒店进行“酒店设施”介绍。

任务四 ● 商定、核对活动日程安排

任务描述

商定、核对活动日程安排是团队抵达后的一项重要工作，地陪要给予充分的重视。这样做，一则表明对领队、全陪、旅游者的尊重；二则领队、全陪、旅游者也有权审核活动计划，并提出修改意见；同时还可以利用商谈机会了解旅游者的兴趣、要求，从而更好地为旅游者提供令人满意的服务。那么，地陪李文应该如何做好商定、核对活动日程工作呢？

任务内容

一、核对、商定日程安排的原因

旅游团开始参观游览之前，地陪应与领队、全陪商定旅行团在当地的活动安排，并及时通知到每一位旅游者。

地陪商定
活动安排

核对、商定日程是旅游团抵达后的一项重要工作，其可被视作两国（两地）间导游人员合作的开始。

旅游者有权审核活动计划，也有权提出修改意见。导游人员与旅游者商定日程，既是对旅游者的尊重，也是一种礼遇。领队希望得到当地导游人员的尊重和协助，商定日程并宣布活动日程是领队的职权。

二、与旅游团商谈日程的原则

商谈日程时，必须遵循：宾客至上、服务至上的原则；主随客便的原则；合理而可能的原则；平等协商的原则。

三、在核对、商定日程时，对出现的不同情况，地陪要采取相应的措施

1. 领队或旅游者提出小的修改意见或要求增加新的游览项目

当领队或旅游者提出小的修改意见或要求增加新的游览项目时，地陪应及时向接待社有关部门反映，对合理又可满足的项目应尽量安排；需要加收费用的项目，地陪要事先向领队或旅游者讲明，按有关规定收取费用；对确有困难无法满足的要求，地陪应向领队或旅游者说明原因并耐心解释。

2. 领队或旅游者提出的要求与原日程不符且又涉及接待规格

当领队或旅游者提出的要求与原日程不符且又涉及接待规格时，地陪一般应婉拒，并说明接待方不便单方面不执行合同；如有特殊理由，并且由领队提出时，地陪必须请示接待社有关部门。

3. 领队（或全陪）手中的接待计划与地陪的接待计划有部分出入

领队（或全陪）手中的接待计划与地陪的接待计划有部分出入时，地陪应及时报告接待社查明原因，分清责任；若是接待方旅行社的责任，地陪应实事求是地说明情况并赔礼道歉。

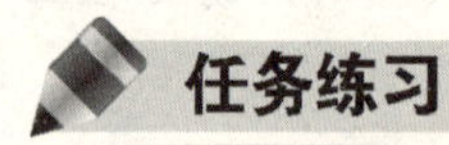

任务练习

走访当地旅行社，搜集导游与领队日程不符合的案例，分析产生的原因及处理方法，并整理这些案例，建立案例库。

任务五 ● 参观游览服务

任务描述

李文知道参观游览是旅游团队整个行程中最重要的活动，也是旅游者最根本的目的。“景点美不美，全凭导游一张嘴”，李文应该如何做好参观游览服务呢？

任务内容

一、出发前的准备

(一)提前到达集合地

出发前,地陪应提前 10 分钟到达集合地点。这样做,一是向旅游者表示导游人员以身作则遵守时间,提前做好出发前的各项准备工作的负责态度;二是为了热情招待旅游者,表示对旅游者的尊重;三是导游人员可趁旅游者还未到齐之前了解已到旅游者的要求和想法,以便更好地为旅游者提供周到满意的服务。

(二)清点人数

地陪在清点人数时,要注意不要用手指点人。特别注意每次集合出发前,地陪都应清点人数,避免丢人等事故的发生。

(三)做好提醒工作

地陪应向旅游者预报当日的天气和游览的地点、地形、行走路线的长短等情况,提醒他们带好所需衣物、雨具,穿着合适的鞋,贵重物品不要留在房间里等。

(四)准点集合登车

开车前还需再次清点人数,检查行李架。一切准备妥当后,地陪可示意司机开车,并进行途中导游讲解。

二、途中导游服务

(一)宣布当日活动日程

开车后,地陪要向旅游者重申当日活动安排,包括参观景区的名称,沿途所需时间,用餐时间、地点,购物、参观、娱乐项目的计划安排等。

(二)沿途风光讲解

沿途风光讲解是沿途导游的重头戏,地陪应着力于讲解效率的提高。具体要注意以下几个方面:第一,要有选择性;第二,要善于借景生情;第三,注意讲解的同步性;第四，随时准备解答旅游者的提问。

（三）介绍游览景点（区）

抵达游览景点前，地陪应向旅游者简要介绍该景点，尤其是景点的历史和特色。讲解应简明扼要，并留有悬念，以激起旅游者对游览景点的好奇心。

（四）活跃车内气氛

如果旅途较长，导游对沿途风光及背景知识讲解的时间不宜过长，否则旅游者易出现审美疲劳。导游还可以安排一些猜谜游戏、唱歌、讲笑话等娱乐活动来活跃车内的气氛，缓解旅游者旅途的疲劳。

三、景点（区）导游服务

景点（区）导游服务的核心是讲解。

（一）游览前的导游讲解

抵达景点时，在下车前地陪要提醒旅游者记住旅行车的型号、颜色、标志、车牌号、停车地点和开车时间，如果遇有下车和上车不在同一地点时，地陪更应提醒旅游者不要记错上车地点；下车后，地陪要及时引导旅游者站在景点示意图前，讲解游览线路，提醒游览注意事项，讲清该景点停留时间以及参观游览结束后的集合时间和地点。

（二）游览中的导游讲解

（1）在景点导游过程中，地陪应保证在计划的时间和费用内，使旅游者充分地游览、观赏，做到导和游相结合、适当集中和分散相结合、劳逸结合。

（2）地陪在景点讲解时，要做到心中有数，讲解内容要翔实，语言要流畅；讲究讲解方法和技巧，灵活调整讲解内容和速度；力求做到有声有色，情景交融。

（3）游览中讲解的内容通常包括景点（区）的背景、景点轮廓介绍和实景讲解。

（4）为防止旅游者在游览中走失，除了在游览前做好提醒工作外，还需做到时刻不离旅游者，并注意观察周围环境，特别关照老弱病残旅游者，对旅游团，应与领队、全陪一起密切配合，随时清点人数。

（三）向导服务

向导服务是指地陪为旅游团引导游览线路的行为，地陪应从四个方面去把握：

（1）要注意把握行进节奏。

（2）要注意把握观赏时机。

（3）要注意把握观赏位置。

(4)要做到导和游相结合。

四、参观服务活动

参观也是旅游活动的重要组成部分,有助于旅游者对当地人民生活方式与风俗习惯的了解。

(一)参观前的准备工作

地陪应问清前往参观的人数,掌握参观时间和内容;了解宾主之间是否有礼品互赠,若礼品系赠送给外宾的应税物品,则要提醒有关人员缴税,保存发票和证明,以备旅游者出关时海关查验;提前联络、落实接待人员。

(二)参观时的导游翻译工作

到达参观点后,地陪应及时联系接待人员,并向旅游者做介绍,提醒参观时的注意事项;在接待方人员向旅游者做介绍时,地陪要认真做好翻译工作。翻译时如遇介绍者语言有不妥之处,或涉及有价值的政治、经济情报,地陪要严格把关,予以提醒,但事后要说明。如参观者系华侨或本国旅游者,地陪则无须做翻译工作,只需做协助工作。

五、返程途中导游服务

返程途中导游服务是指当游览活动即将结束时,从最后一个参观游览点返回酒店途中的导游服务工作。

(一)回顾当天活动

导游人员回顾当天参观、游览的内容,回答旅游者的提问,对已游览的景点(区)进行总结性讲解或补充性讲解。

(二)风光导游

返程路线一般不走原路,若按原路返回,地陪应对沿途风光进行补充讲解。

(三)宣布次日活动日程

在下车前,地陪要告知游客晚上或次日的活动日程、出发时间、集合地点等。提醒旅游者带好随身物品。地陪要先下车,照顾旅游者下车,再向他们告别。

(四)安排叫早服务

若该团需要叫早服务,地陪应在结束当天活动、离开酒店前安排好相关事宜。

任务练习

当导游人员带领旅游者来到哈尔滨斯大林公园，面对松花江时，地陪要对松花江这一自然景观如何进行讲解？

任务六 ● 其他服务

任务描述

除参观游览活动外，丰富多彩的其他活动是旅游生活中必不可少的部分，是参观游览的继续和补充，地陪李文要如何为旅游者组织好文明、健康的各类活动？

任务内容

一、购物服务

购物是旅游者旅游计划的一个重要组成部分。旅游者总是喜欢购买一些当地著名的特产及纪念品送给自己的亲朋好友。导游要树立正确的导购观。地陪带领旅游团购物时，应该遵守以下三点要求：

(1)严格按照《导游人员管理条例》等有关规章执行接待单位制定的游览活动日程，带旅游团到旅游定点商店购物，避免多次购物、强迫购物现象出现。

(2)商店不按质论价、出售伪劣商品、不提供标准服务时，地陪应向商店负责人反映，维护旅游者的利益。如果遇到小贩强拉强卖时，地陪有责任提醒旅游者不要上当受骗，不能放任不管。

(3)旅游者购物时，地陪应该向全团讲清楚购物停留的时间及注意事项，介绍本地商品的特色以及商品托运手续等。

二、社交活动服务

(一)会见

(1)地陪应事先做好联络工作,与负责接待人士商定会见时间,落实接待人员以及注意事项。

(2)地陪应了解会见时是否有互赠礼品,如有,则应事先通知接待方;如果赠送的礼品属应税物品,应提醒有关人员办妥必要的手续,以备旅游者出关时海关检查时使用。

(3)承担翻译任务,必要时地陪可充当翻译,若是重要会见,特别是涉及政治、科技问题,一般有专职翻译,地陪则应在一旁认真倾听,做好记录。

(4)旅游者若会见在华亲友,地陪应协助安排,但一般没有充当翻译的义务。

(二)舞会

舞会既有有关单位组织的,也有旅游团自己组织的,还有旅游者自发购票的娱乐性舞会。对前两种集体性舞会,地陪应陪同前往;后一种旅游者自发性的舞会,地陪无陪同的义务,原则上可不参加,但无论如何地陪都有向旅游者提出注意事项的责任。

三、餐饮服务

(一)计划内团队用餐服务

地陪要提前按照接待社的安排落实本团当天的用餐,对午餐、晚餐的用餐地点、时间、人数、标准、特殊要求与供餐单位逐一核实并确认。

用餐时,地陪应引导旅游者进入餐厅入座,并介绍餐厅及其菜肴的特色;向旅游者说明餐食标准,是否含酒水及酒水的类别。

在用餐过程中,地陪要巡视旅游团用餐情况一至两次,解答旅游者用餐过程中提出的问题,并监督、检查餐厅是否按标准提供服务。

用餐后,地陪应严格按照实际用餐人数、标准、饮用酒水数量,填写"餐饮费结算单"并与餐厅结账。

(二)宴请和品尝风味

宴请和品尝风味,主要包括宴会、冷餐会、鸡尾酒会和风味餐等。风味餐作为当地的饮食特色与文化,是非常吸引旅游者参加的活动项目。

(1)如果参加宴会,地陪应做到准时出席,服装整洁大方,并注意宴请的礼节。地陪要做的具体工作是:介绍主宾双方,当好翻译(翻译时要注意气氛,切忌边吃东西边翻译),但不要喧宾夺主、主动敬酒、给旅游者夹菜等。

(2)品尝具有地方特色的风味,是旅游者在旅游过程中经常参加的活动项目。风味餐有计划内风味和计划外风味。不管是地陪陪同旅游者品尝计划内风味餐,还是被邀请参加计划外风味餐,地陪都应主动向旅游者介绍餐馆的历史、特点、名气、菜肴名称、特色、吃法、制作方法及著名菜肴的来历等。

任务练习

2018 年 10 月,导员小张接待一个两日游的旅游团。第一天中午用完餐后,旅游者提出晚餐要品尝沈阳老边饺子。于是,小张及时给原定的餐厅打电话取消了预订,并在风味餐厅预订了晚餐。当客人到了餐厅后,小张告诉客人,品尝风味老边饺子的用餐标准比客人协议上的用餐标准每人要高出 30 元,这时有些客人觉得贵不想吃了,要求退餐。小张非常着急,因为如果客人真的取消这顿餐的话,饭店会要求他们赔偿。最后,小张费了很长时间才说服旅游者吃了晚餐。但是旅游者很不满,小张也感觉很难过,真是费力不讨好啊!

分析导游这次的服务是否成功,并总结经验。

____

____

____

任务七 ● 送站服务

任务描述

送站服务是地陪接待工作的最后一环,就像一本好书、一部好电视剧都需要有一个圆满而美好的结局一样,同样需要地陪以认真而负责的态度做好对旅游者的欢送工作,为旅游行程画上一个圆满的句号,给旅游者留下深刻而美好印象。地陪李文应该如何做好送站服务呢?

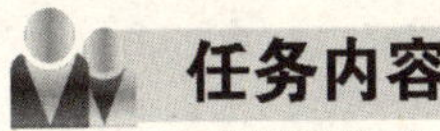

任务内容

一、送行前的准备

（一）核实交通票据

旅游团离开本地的前一天，地陪应认真做好旅游团离开的交通票据核实工作，核对团名、代号、人数、全陪姓名（如非团体票，则要核对每一位旅游者的姓名是否与有效证件上的姓名吻合）以及航班（车次、船次）、始发站、到达站、起飞（开车、起航）时间（要做到四核实，即计划时间、时刻表时间、票面时间、问讯时间）；弄清启程的机场（车站、码头）位置等事项；还有班次（车次、船次）有无变更，内勤是否已通知下一站，以免漏接；提醒领队或全陪向下一站交代有关情况。

送行前的准备

（二）确定出行李的时间

地陪应在旅游团离开前一天与领队、全陪商定出行李的时间，商定后通知每一位旅游者；然后与旅行社行李部（或行李车队）联系，告知该团体出行李的时间、抵达启程站点的大致时间等，并把出行李的具体时间告知酒店行李部。

（三）商定出发相关问题

地陪一般应先与司机商定出发时间，因为司机比较了解路况；然后再与领队、全陪具体商议。在叫早和早餐、集合、出发时间确定后，地陪要及时通知酒店有关部门和旅游者。如果该团所乘交通工具班次（车次、船次）时间较早，游客无法在酒店餐厅用早餐，地陪要及时做好相应的准备工作（如带饭盒）并向旅游者做出说明。

地陪应在旅游团离店前一天提醒、督促旅游者尽早与酒店结清所有自费项目账单（如洗衣费、电话费、饮料酒水费等），如有损坏客房设备的，应协助酒店妥善处理赔偿事宜；同时，地陪应通知酒店总台或楼层旅游团离房的时间，提醒他们及时与旅游者结清账目。

（四）提醒有关注意事项

地陪应提早告知旅游者行李托运的有关规定，提醒其将有效证件、所购买的贵重物品及发票放在手提包里随身携带，如系出境团，还应提醒其准备好海关申报单，以备出关时查验。

（五）及时归还证件

旅游团离开的前一天，地陪应检查自己的行李，看一看是否还有保留的旅游者证件、票据等。若有，应立刻归还，并当面点清。

二、离店服务

（一）集中交运行李

旅游团离店前，地陪应按商定的时间与领队、全陪、酒店行李员一起办好行李交接手续。旅游者的行李集中后，地陪应与领队、全陪和行李员一起检查行李是否捆扎、上锁、有无破损等，在每件行李上加贴行李封条，然后共同清点，确认行李件数，并填好行李交运卡。这里需要提示的是，行李件数一定要当着行李员的面点清，同时告知领队和全陪。表 3-3 所示为旅行社行李交接单。

表 3-3　旅行社行李交接单

国家（地区）		团号	
行李件数		下榻的酒店	
破损件数		破损程度	
交接时间	年　月　日　时　分		
交接地点			
交方单位		签字	
接方单位		签字	
备注			

（二）办理退房手续

如无特殊情况，旅游团办理退房手续应在 14:00 以前完成，并结清账目。

（三）集合登车

出发前，地陪应再次提醒旅游者与酒店的账目是否结清、有无遗留物品，并把房间钥匙交回酒店总服务台。等旅游者上车，放好随身携带的行李入座后，地陪在旅游车开动之前要清点实到人数，并得到领队的确认。再次提醒旅游者清点一下随身携带的物品，检查行李架上的物品是否放稳，一切妥当后方可示意开车。

三、送行服务

（一）致欢送辞

致欢送辞能加深彼此间的感情，营造告别气氛，令人难忘。所以地陪在致欢送辞时要真诚，富有情感。致欢送辞的场合多选择在行车途中，也可选择在机场（车站、码头）。欢送辞的内容主要包括：

（1）回顾旅游活动，感谢合作（对旅游团而言，一般先感谢旅游者，再感谢领队、全陪、司机）；

（2）表达友情和惜别之情；

（3）征求旅游者对工作的意见和建议；

（4）旅游活动如有不尽如人意之处，地陪可借此机会向旅游者表达歉意；

（5）期待重逢，表达美好的祝愿。

（二）提前到达站点

如旅游团乘坐出境航班离开，则要求地陪提前 2 小时抵达机场；乘坐国内航班离开，则要求提前 90 分钟抵达机场；乘坐火车、轮船离开，则要求提前 60 分钟抵达车站、码头，以便协助旅游者办理相关的手续。在旅行车即将抵达机场（车站、码头）之前，地陪应提醒旅游者带好随身行李物品，准备好旅行证件，照顾全体旅游者下车，请司机协助检查车内有无旅游者遗留物品。

（三）移交交通票据及行李卡

如系送国内航班（车次、船次），到达机场（车站、码头）后，地陪应尽快与行李员联系，取得交通票据和行李票，将交通票据和行李票交给全陪或领队，并一一清点核实。如系送国际航班（车次、船次），地陪应请领队、全陪一起与行李员交接行李，清点后将行李交给每一位旅游者，并协助其自行办理托运手续。

（四）协助办理离站手续

完成交通票据和行李卡移交工作后，地陪仍不能马上离开旅游团。若系乘坐国内航班（车次、船次），地陪应协助旅游者办理离开手续（帮助旅游者领取登机牌，并请领队分发登机牌；帮助办理超规格行李托运手续）；若系乘坐国际航班（车次、船次），地陪要向领队（或旅游者）介绍办理出境手续的程序，将旅游团送往隔离区，由领队帮助旅游者办理有关离境手续。

（五）告别

若送乘国际航班离开的旅游团，当旅游者进入安检口或隔离区时（若乘国内航班，需等飞机起飞后才能离开），地陪应与旅游者握手告别，并祝他们一路平安。若乘坐火车、汽车、轮船离开的旅游团，地陪应等交通工具启动后或旅游者出关后，方能离开。

（六）结算

若接待国内段旅游团，地陪应在团队结束当地游览活动后、离开本地前，与全陪办理好拨款结算手续；若接待出境旅游团，地陪应在团队离开后，与全陪办理好财务拨款结算手续，并妥善保管好单据。送走团队后，地陪还要与司机核实行车公里数，在用车单据上签字确认，并注意把单据保存好，以便旅行社与交通公司结账（见表 3-4，表 3-5）。

表 3-4　旅行社租车结算凭证

团队		人数		车队	
车型		司机		联系方式	

日期	上车时间	团队行程	下车时间	总公里数

表 3-5　参观游览结算单

参观游览存根	中国　　　　旅行社参观游览卷
团名：	旅游团名称：
人数：	旅游团人数：　（大写）　佰　拾　个
地点：	汇款单位（公章）：
陪同：	陪同姓名：
日期：	日期：　　年　月　日

任务练习

旅游团中一位齐齐哈尔旅游者，忽略了其所持的是往返机票。其在到达上海后，将机票撕毁并丢在旅店的纸篓里。三日游览的最后半天是自由活动时间。退房后,全陪提醒大家装好机票,他才知道自己犯了一个大错误。全陪只好陪他到北航天鹅航空有限责任公司上海办事处,从电脑中调出本团的机票和此旅游者的姓名,由旅游者重新按机票票面价值购买了相同座号的机票,航空公司承诺,一年后,此旅游者可持机票和相关的证明材料,到齐齐哈尔当地北航天鹅航空公司总部办理全额退款手续。

分析:此案例中导游工作有何疏忽,应如何做好送站工作?

任务八 ● 后续工作

任务描述

送走旅游者之后,地陪下团了,但并不代表导游人员的工作已经结束了,下团后,地陪导游人员要养成详细整理"整团记录"的好习惯。地陪将旅游团送走之后,还应该做好哪些后续工作呢?

任务内容

一、处理遗留问题

送走团队后,地陪应按有关规定和旅行社领导的指示,妥善处理好旅游者临行前的委托事宜,如委托代办托运、转交信件、转递物品等。

二、结清账目,归还物品

地陪应按照旅行社的具体要求,填写清楚有关接待和财务结算表格,在规定时间内及早与财务部门结清账目,并连同保留的各种单据、接待计划、活动日程表、导游旗、扩音器等有关材料、表单及物品上交有关人员。

三、总结工作

地陪应认真做好总结，实事求是地汇报接团情况。涉及旅游者的意见和建议，力求引用原话，并注明旅游者的身份。如旅游过程中发生重大事故，要将具体情况整理成书面材料向地方接待社和组团社汇报。

任务练习

小夏带的日本旅游团将离开哈尔滨，当团队抵达火车站后，旅游者度边先生突然找到小夏说，他发现自己的照相机变焦镜头不见了，可又记不清丢在了何处。该团计划次日早晨抵京后当晚就要回国，请问小夏应如何处理此事？如果没有找到，应该怎么办？

____

____

____

站在巨人的肩膀上成长

——老导游经验分享

一位导游对自己多年来带团的感受总结是两个字。刚从“云上”飞下来，又从“水上”漂过去；才听罢火车的汽笛声，又闻汽车的马达响；才听罢东北的二人转，又尝到了新疆的哈密瓜；才欣赏完桂林山水的秀美，又看到“大漠孤烟”的壮阔。夏令营孩子们欢快的歌声，夕阳红老人们幸福的笑脸，盛世北京和谐的音符，还有华西村人美好的蓝图，南街村人不懈的追求等。这一切经常在这位导游的眼前浮现，使他深深地感受到了导游工作的意义所在，从心里热爱导游工作。他根据自己多年的工作经验总结出提高导游技能的技巧。

一、学理论、学知识

导游人员要严格要求自己，时刻牢记热爱祖国、热爱人民、热爱祖国几千年的优秀文化，认真学习党的各项政治政策、经济政策，学习党在新的历史时期的主要理论；在思想上紧跟形势，努力使自己成为具有优秀道德品质和高尚职业情操、遵纪守法、尽职尽责的导游人员。导游人员还要积极参加省市旅游局组织的培训班，认真学习导游知识、导游业务；业余时间细心学习汉语言文学知识、历史地理文化知识、心理学、公共关系学、政策法规，认真阅读相关经济知识、社会知识、旅游知识的书籍等，用知识武装自己的头脑，用内涵征服你的旅游者。

在学习中坚持勤动眼，大量地阅读有关景区、景点的资料和有关风光民情的书籍；勤动手，把读到、看到的相关资料、经典名句都分类整理，以丰富自己的学识，增长自己的见识。

二、学技能、多实践

导游工作是一个知识密集型和高智能的服务工作，除了要求导游人员要有广博的知识外，还需要导游人员具备高超的服务技能，如讲解能力、组织能力、人际关系能力、分析能力、解决问题能力等。

第一，讲解能力是首当其冲的。常言说："江山美不美，全凭导游一张嘴。"旅游者出游，"求知"是愿望之一，导游担负着传播知识信息、传递审美观念、播撒中华文明的重任，因此，导游语言必须科学、规范，传递的信息必须正确无误，这样更能够吸引旅游者的注意，满足旅游者的"求知"愿望，我们才会得到旅游者的尊重和敬佩，这是顺利完成旅游计划的重要前提。

第二，整个旅游活动是一个有组织的活动，需要导游人员和酒店、宾馆、景点、交通等相关的企业和个人来打交道，它牵扯社会生活的方方面面。因此，要求我们导游人员要有相当强的组织能力和协调能力。旅游活动的主体是人，而人的构成又是复杂的，旅游者来自不同的社会阶层，从事着不同的职业，文化层次高低不等，性别年龄各不相同，兴趣爱好因人而异，身体状况不尽相同。这些要求导游人员必须学会处理人际关系，学会善于和各种人打交道。

第三，在旅游过程中各种各样的情况都有可能出现，各种各样的问题可能随时发生，这就要求我们要拥有独立分析的能力和独立解决问题的能力。

第四，在实际工作中，导游要注重留心学习，在实践中不断地总结和提高自己的业务水平。时时提醒自己要做到"五勤"。

1. 勤动口。这就是要向专家请教先进的经验和方法，向同事学习、向民间学习、向旅游者学习，以丰富自己的学识。

2. 勤动腿。常言说："读万卷书，不如行万里路。"勤跑、多动以增加自己的阅历，在实践中巩固学到的知识。

3. 勤动眼。大量阅读有关旅游方面的书籍、查阅有关风光、风情、民俗的资料。

4. 勤动手。眼过千遍，不如手过一遍，把看到的、听到的、学到的知识和方法，经验和技巧都动手一一记录下来。

5. 勤动脑。在动口、动腿、动眼、动手的基础上，善于动脑，把学到、收集到、看到的名篇佳作、知识经验等分类整理，结合自身的特点，取精去糟，最终形成自己的风格和工作作风。

该文章《地陪导游人员的工作总结》来源于出国留学网

项目四

全程陪同导游服务规范

学习目标

1. 能够准确描述全陪服务的各个流程及规范。
2. 能够按照全陪服务的流程及规范进行操作。
3. 培养学生的应变能力、沟通协调能力、团结合作能力、语言表达能力。
4. 培养学生的服务意识、环保意识、文明旅游意识。

任务一 ● 迎接服务准备

任务描述

哈尔滨某旅行社组织一个32人的旅游团参加云南7日游，并委派李文作为全陪，为旅游团提供导游服务。作为新手的李文，应该如何做好上团前的准备工作？

任务内容

一、熟悉接待计划

上团前，全陪要认真阅读接待计划及相关资料，了解所接旅游团的全面情况，注意掌握该团重点旅游者情况和该团的特点，以便提供针对性的服务。

(1)记住旅游团的名称(或团号)、国籍、人数和领队姓名等。

(2)了解旅游团成员的民族、职业、姓名、性别、年龄、宗教信仰、生活习惯等。

(3)了解团内较有影响的成员、需特殊照顾的对象和知名人士的情况。

(4)掌握旅游团的行程计划、抵离旅游线路各站的时间、所乘交通工具的航班(车次、船次)，以及交通票据是否订妥或是否需要确认、有无变更等情况。

(5)了解沿途各站主要参观游览项目，根据旅游团的特点和要求，准备好讲解和咨询内容。

(6)了解全程各站安排的文娱节目、风味餐食、额外游览项目以及是否收费等事宜。

(7)摘记旅游团所到各地接待旅行社联系人的电话，便于联系。

二、知识准备

(一)了解客源国(地区)的概况

了解有关客源国(地区)的政治、经济、社会文化、历史、地理以及习俗等方面的知识。

(二)了解各旅游目的地的情况

了解旅游过程中各个目的地的地理、历史、经济、人文的概况，了解当地、风土民情、特产小吃以及游览景点的相关知识，尤其是要特别注意了解当地禁忌方面的知识。

三、物质准备

上团前，全陪要做好必要的物质准备，携带必备的证件和有关资料，其中包括：

(一)必要的证件

必要的证件包括全陪本人身份证、导游证、特别通行证等。

(二)结算单据和费用

全陪在上团前要准备好各项旅游费用结算单及所需的费用,并且了解各个接待单位费用结算方式等。

(三)接团资料

接团资料包括旅游团接待计划、日程表、旅游宣传资料、行李卡、旅行社的徽记、全陪日志等。

四、与首站接待社联系

接团前一天,全陪应同接待社取得联系,了解地陪的姓名、性别、联系方式、商定见面时间和地点、互相通报有关情况和信息,妥善安排好相关事宜。

任务练习

全陪小胡按计划去接由12人组成的日本旅游团到华东五市去参观游览。如果你是小胡,应该做好哪些接团准备工作?

____

____

____

任务二 ● 首站(入境站)迎接服务

全陪首站接团服务

任务描述

李文是名新导游,对于如何做好全陪工作还不是很清楚。为了能带好这次去云南的旅行团,李文虽然做了充分的准备工作,但对如何做好迎接旅游团的工作,她还不知道如何着手,那么李文应如何开展作为一名全陪的迎接旅游团工作呢?

任务内容

一、接团服务

首站接团服务要使旅游团抵达后能立即得到热情友好的接待，让旅游者有宾至如归的感觉，这是全陪树立良好形象、建立良好关系的基础。

（一）迎接旅游者

（1）接团前，全陪应向接待社了解本站接待工作的详细安排情况。

（2）全陪应提前半小时到接站地点与地陪一起迎候旅游团。

（3）旅游团抵达后，全陪应协助地陪尽快找到旅游团，向领队做自我介绍，立即与领队核实人数、行李件数、住房、餐饮等方面的情况。如与原计划有出入或有变化应尽快报告组团社同时及时通知接待社，反映该团要求。

（4）协助领队与地陪清点、交接行李。

（二）致欢迎辞

全陪应代表组团社和个人向旅游团致欢迎辞。欢迎辞内容包括：自我介绍（同时应将地陪介绍给全团），表示提供服务的真诚愿望，预祝旅行顺利、愉快等。

（三）介绍情况

致完欢迎辞后，全陪应简明扼要地介绍行程，如沿线的交通、住宿情况，旅游注意事项和一些具体要求，以便在较短的时间内与游客建立起信任关系，以求团队旅行顺利、愉快。

二、入住酒店服务

全陪入酒店服务

旅游团进入酒店后，全陪应积极配合地陪和领队尽快完成住宿登记手续、进住客房、取得行李。

（1）积极主动地协助领队办理旅游团的住房手续。

（2）请领队分配住房，但全陪要掌握住房分配名单，把自己的房号告诉全体团员，并与领队互通各自房号以便联系。

（3）热情引导旅游者进入房间。

（4）如地陪不住酒店，全陪要负全责，照顾好旅游团，随时处理好旅游者入住过程中出现的问题。

(5)掌握酒店总服务台的电话号和与地陪紧急联系的方式。

(6)将印有酒店地址和电话号码的卡片发放给旅游者。

三、核对、商定日程安排

全陪应认真与领队和地陪一起核对、商定日程。如遇难以解决的问题,应及时反馈给组团社,使问题得到及时的解决。全陪与地陪核对、商定日程既是为了保证地陪执行的接待计划与组团社下达给接待社的计划无误;同时通过核对、商定日程了解当地的具体的行程安排,也可以更好地配合领队与地陪顺利完成接待任务。

任务练习

导游人员老孙作为全陪将陪同某外国旅游团在中国游览。与地陪在入境口岸接到自己要陪同的团队后,老孙马上安顿好行李,让旅游者们登上了旅游车。在车上,老孙先致了欢迎辞并简单地介绍了自己,然后就把话筒递给了地陪。地陪从飞机场开始一直讲解到旅游者们所下榻的酒店。在酒店的大厅里,全陪帮助地陪和领队分房,带领旅游者进入房间。回到房间后,老孙又配合地陪做好商定核对活动日程工作。

案例思考:该案例中全陪做了哪些接站服务?

任务三 ● 沿途各站服务

任务描述

李文经常与一些老导游交流学习,她深知导游要从旅游者需求出发,出色地完成上下站的联络协调工作。请帮助李文分析应如何完成全陪的沿途各站服务?

任务内容

一、沿途各站服务

各地具体的旅游活动应当以地陪安排为主，全陪主要起联络、监督和协助作用。全陪要通过旅途中的各站服务，使接待计划得以全面顺利实施，做到各站之间有机衔接，各项服务适时、到位，保护好旅游者的人身及财产安全，突发事件得到及时有效的处理。

（一）做好联络、协调工作

（1）做好领队与地陪、旅游者与地陪之间的联络、协调工作。

（2）做好旅游线路上各站间，特别是上下站之间的联络工作，如实际行程和计划有出入时，全陪要及时通知下一站等。

（3）旅游团抵达每一站时，全陪要主动向地陪通报旅游团情况（如上几站的活动情况、团员的个性、团队中的“核心人物”和“活跃分子”、领队的特点等）；在旅游过程中，全陪应及时传达领队的意见、旅游者的要求，以便地陪能采取主动的、有效的工作方法。

（二）协助地陪工作，酌情提出改进意见和建议

（1）全陪应随时与地陪沟通信息，了解该站旅游行程的安排。若活动安排与上几站有明显重复，应建议地陪做必要的调整。

（2）若对当地接待工作有意见和建议，要及时并诚恳地向地陪提出，并督促其及时改进，如果问题仍然不能得到及时的解决，必要时向组团社汇报。

（三）保护旅游者的安全，预防和处理各种问题和事故

（1）出发、返回、上车、下车时都要协助地陪清点人数，照顾年老体弱的旅游者上、下车。

（2）游览活动中，全陪一般走在旅游团队的后面，注意观察周围的环境，留意旅游者的动向，协助地陪圆满完成导游讲解任务，避免旅游者走失或发生意外。

（3）提醒旅游者注意人身和财物安全，保管好自己的物品和证件，注意饮食卫生，尽量消灭不安全因素。如遇旅游者重病住院、发生重大伤亡事故、失窃案件、丢失护照及贵重物品等突发事件时，全陪应协助地陪依靠当地旅行社和有关部门妥善处理，办妥必要的手续，并迅速向组团社请示汇报。

（四）为旅游者当好购物顾问

与地陪相比，全陪因为自始至终和旅游者在一起，与游客的感情更深厚一些，也更

能赢得旅游者的信任。因此，旅游者购物时通常会征求全陪的意见，全陪应实事求是地向旅游者介绍商品，做好他们的购物参谋。

二、沿途各站服务程序

（一）抵站服务

(1)全陪带领旅游者到指定地点出站。

(2)全陪认找地陪和旅游车。

(3)找到地陪后，要及时移交行李或行李托运单，并反映团队成员情况、旅游者或领队的建议和要求。

（二）游览服务

在游览过程中，全陪应注意观察与收集旅游者的意见和反馈，并监督旅游计划的执行；做好旅游者与地陪、司机之间的协调工作；协助地陪做好旅游团的安全工作；处理旅游过程中旅游者的个别要求与突发事件。

（三）离站服务

1. 提前提醒地陪落实离站的交通票据及离站的准确时间

如果离站时间有变化，要及时通知下一站接待旅行社或通过接待社通知，以防空接或漏接；如果时间变化大，影响行程安排，还要及时向组团社汇报请示，以便组团社和上、下站接待社协调解决接待事宜。

2. 协助领队和地陪办理离站事宜

(1)向领队讲清航空、铁路、水路有关托运或携带行李的规定，超重部分应按规定交纳行李超重费，协助领队、地陪办理登机的相关手续。

(2)向旅游者讲明我国有关行李托运的规定，请旅游者将行李上锁。

(3)协助领队、地陪清点旅游团行李及与行李员办理交接手续。

3. 妥善保管票证

(1)到达机场（车站、码头）后，应与地陪交接交通票据、行李卡或行李托运单。交接时一定要点清、核准并妥善保存，以便到达下站后顺利出站。

(2)与地陪按规定办好财务手续，并妥善保管好财务单据。

(3)向地陪、司机告别并致谢。

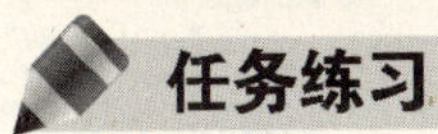

任务练习

2016 年 2 月 10 日，全陪小王随泰国旅游团前往机场，按原计划此团要飞往上海，可当天大雪弥漫，到机场才得知由于天气原因去上海的飞机不能按时起飞，预计推迟到晚上起飞。但晚上10点机场却宣布取消当日航班，航班推迟到第二天上午。这时已经等待一天的旅游者都情绪低落，有的旅游者开始对导游大声抗议，说要退团返回泰国。

案例思考：此案例中的全陪小王应如何做好上、下站的联络工作？

任务四 ● 转移途中服务

任务描述

李文听其他导游说，从一个旅游地转到另一个旅游地的路上，全陪需要独自一人承担导游服务工作。全陪不仅要照顾旅游者在交通工具上的饮食，还要安排旅游者的娱乐活动，更要承担保证旅游者的财物及票证安全工作。她想，全陪到底应如何做好转移途中服务工作呢？

任务内容

一、转移途中服务

旅游团在城市间转移的服务是全陪工作的一个重要部分，无论乘坐何种交通工具，全陪应提醒旅游者注意人身和物品安全，安排好旅途中的生活，努力使旅游者的旅行充实、轻松、愉快。

（一）负责旅游团在旅行途中的生活服务

乘飞机（火车、轮船）时，全陪要积极争取民航、铁路、航运部门工作人员的支持，共同做好安全保卫、生活服务工作，照顾好旅游者的生活。

（二）提醒旅游者注意人身安全和财物安全

在旅行途中，全陪应提醒旅游者注意人身安全和财物安全，尤其要保管好各种证件。

(三)进行适当的讲解

如果条件允许,全陪可向旅游者介绍沿途风景,以满足旅游者的求知欲望,也可以为旅游者翻译交通工具上广播的注意事项及讲解内容。

(四)进行适当的娱乐活动

若旅途时间长,全陪要组织好娱乐活动,提供一定的讲解服务,防止团队气氛沉闷。

(五)保管好有关票证

全陪要保管好行李托运单和飞机、车、船票等单据,抵达下站时将其交予当地陪同。

(六)协助领队分配机位号或铺位号

乘飞机前请领队分发登机牌,若乘车、船旅行,应事先请领队分配好包房、卧铺铺位,安排座位。

任务练习

全陪小张带领一个团队乘火车前往某个海滨城市,在火车上旅游者们吃完午饭后,有的旅游者开始腹泻,有的旅游者出现头晕现象。初步判断,旅游者食物中毒。小张立即和火车乘务员取得联系,通知下一站安排急救车准备急救,并告知旅行社有关情况。经过小张精心部署,食物中毒的旅游者得到了及时的救治。

问:根据案例分析,全陪应如何做好转移途中的工作?

____

____

____

任务五 ● 末站（出境站）送别服务

任务描述

有经验的老导游都告诉李文，“编筐窝篓，全在收口”。旅游者一路上有了全陪的陪伴，使得全程旅游活动及起居生活都变得简单容易。能否将旅游者顺利送走，让旅游者有个圆满旅程，就变得尤为重要了。可是，李文对于作为全陪如何做好末站工作仍然不清楚。

任务内容

一、末站（离境站）送别服务

末站（离境站）的送别服务是全陪服务中的最后环节，全陪要努力使旅游团顺利离开末站（离境站），并加深旅游者对整个旅游行程的良好印象。末站全陪服务的主要工作是：

（1）在离境的前一天，再次确认离站的交通票据及离站的准确时间。

（2）当旅行结束时，全陪要提醒旅游者带好自己的物品和有关证件。

（3）按规定时间提前抵达站点。在送行途中，向旅游者致欢送辞，对领队、旅游者给予的合作再次表示感谢并欢迎再次光临。致欢送辞要掌握以下技巧：

①道出依依惜别之情。

②表达友谊之情。

③表现幽默风趣。

④体现庄重、谨慎的态度。

⑤抒发真情实感。

一路上，全陪从始至终陪同旅游者进行参观游览，与旅游者结下了深厚的情感，在旅游团临别之际向旅游者将这种情感进行抒发，一方面表示全陪有情有义；另一方面表示对旅游者的诚挚祝福。具体范例如下：

范例1：

各位朋友，时间过得真快，短短的一周已经过去了。在此，我不得不为大家送行，心中真的有许多眷恋。无奈，天下没有不散的宴席，希望我们还有再见的机会。这几天相信大家一定收获很多，在各位朋友的生命中，从此将增添一段新的、美好的记忆。承蒙各位朋友的支持，使得这次的接待工作非常顺利，在此我向大家表示衷心的感谢！但不知大家的心情是否愉快？对我们的工作是否满意？如果我们的服务有什么不足之处，请大家提出来，以便我们今后改进。有道是“有缘千里来相会”，所以，在即将分手之际，我们再次希望大家不要忘记，在哈尔滨，有你们一个永远的家——哈一职旅行社，不要忘记，在这个家里有我——一个与你们有缘而又永远值得信赖的朋友。再次真诚地邀请大家来哈尔滨，我们一定热情接待。最后，预祝各位朋友在今后的人生旅途中万事如意，前程似锦！

范例2：

各位朋友，我们的终点——哈尔滨机场就要到了，我也要和大家说再见了，正像歌词中所唱：“说再见，再见就在眼前；道离别，离别不会太遥远！”在这里我非常感谢大家对我工作的支持。在短短的几天里，大家给我留下了非常深刻的印象，谢谢大家带给我的欢乐！如果一路上有什么不足之处，请大家多多谅解。希望大家能再次来到黑龙江，欣赏祖国的大好河山，领略哈尔滨的“欧洲风情”，到时小王我再来给你们做导游。最后祝大家一路平安，身体健康，阖家欢乐！谢谢大家！

(4)做好必要的弥补工作。如果在旅游过程中出现服务缺陷，导致旅游者的不愉快，全陪应找机会向旅游者表示歉意，做好弥补工作，尽量消除旅游者的不快。

(5)协助领队帮助旅游者办理出关手续。全陪要提醒领队出关时把行李托运、出境所需要的证件、交通票据、出境卡、申报单等让旅游者提前准备好。

(6)与旅游者握手告别，与地陪一起目送旅游团进入隔离区(出境团)后，方可离开。

(7)做好与末站地陪的结账工作。

任务练习

作为一个老年旅游团的全陪，你在送站时应如何致欢送辞？请自设情境，模拟全陪送站致欢送辞。

______

______

______

任务六 ● 后续工作

任务描述

将旅游者送走后，并不意味着全陪工作的结束。全陪还应处理好旅游者遗留下的问题、旅行社的账目、所借的旅行社物品等工作。有责任心的导游还会根据自己带团经历整理“全陪工作日志”，作为自己以后工作的经验。作为全陪的李文，他应该如何做好后续工作呢？

任务内容

一、后续工作

由于全程陪同旅游团，全陪带团的时间一般都很长，送走旅游团后可能会有很多的遗留问题要及时处理，全陪也应该及时总结带团的经验和体会，不断提高导游水平，需做好的后续工作如下：

（一）处理遗留问题

旅游团离境后，全陪应认真处理好旅游团的遗留问题，认真对待旅游者的委托，请示领导后，按照规定提供可能的延伸服务。

（二）总结经验

认真、按时填写“全陪日志”（见表4-1）或提供旅游行政管理部门（或组团社）所要求的资料。如有重大情况，要向本社进行专题汇报。

“全陪日志”的内容包括：旅游团的基本情况，旅游日程安排及飞机、火车、航运交通情况，各地接待质量（包括旅游者对食、住、行、游、购、娱各方面的满意程度），发生的问题及处理过程，旅游者提出的问题及改进意见，全陪对于接待的建议。

表 4-1 全陪日志

<table>
<tr><td colspan="2">单位/部门</td><td colspan="3"></td><td colspan="2">团号</td><td colspan="2"></td></tr>
<tr><td colspan="2">地陪姓名</td><td colspan="3"></td><td colspan="2">接待社</td><td colspan="2"></td></tr>
<tr><td colspan="2">领队姓名</td><td colspan="3"></td><td colspan="2">国籍或省籍</td><td colspan="2"></td></tr>
<tr><td colspan="2">接待时间</td><td colspan="3">年 月 日至 年 月 日</td><td colspan="2">人数</td><td colspan="2">（含 岁儿童 名）</td></tr>
<tr><td colspan="2">途径城市</td><td colspan="3"></td><td colspan="2"></td><td colspan="2"></td></tr>
<tr><td colspan="9">团队重要旅游者、特殊情况及要求</td></tr>
<tr><td colspan="9">领队或旅游者的意见、建议和对旅游接待工作的评价</td></tr>
<tr><td colspan="9">该团发生问题和处理情况（意外事件、旅游者投诉、追加费用等）</td></tr>
<tr><td colspan="9">全陪意见和建议</td></tr>
<tr><td colspan="9">全陪对全过程服务的评价</td></tr>
<tr><td>行程状况</td><td>顺利</td><td></td><td>较顺利</td><td></td><td>一般</td><td></td><td>不顺利</td><td></td></tr>
<tr><td>客户评价</td><td>满意</td><td></td><td>较满意</td><td></td><td>一般</td><td></td><td>不满意</td><td></td></tr>
<tr><td>服务质量</td><td>优秀</td><td></td><td>良好</td><td></td><td>一般</td><td></td><td>比较差</td><td></td></tr>
<tr><td>全陪签字</td><td></td><td colspan="2">部门经理签字</td><td></td><td colspan="2">质管部门签字</td><td></td><td></td></tr>
<tr><td>日期</td><td></td><td colspan="2">日期</td><td></td><td>日期</td><td></td><td></td><td></td></tr>
</table>

（三）归还物品

归还所借物品，按财务规定，它尽快报销旅差费，结清该团账目。

任务练习

走访当地旅行社的全陪，以其经历为基础，填写一份“全陪日志”。

导游旅途才艺宝典

笑话

学外语的重要性

有一个关于外语的笑话是这样的：一只老鼠被猫逼进了死胡同，老鼠被逼之下学狗叫，"汪汪"叫了两声，猫被突如其来的狗叫声吓得昏了过去。解脱了的老鼠回到家立刻召开了一个家庭会议，讲述自己的英雄故事，最后，它深有感触地说：孩子们，学习一门外语多重要啊！

猜谜语

1. 猜地名

大河解冻——江苏　　刚定国界——新疆

起锚扬帆——上海　　四季温暖——长春

沟渠不浅——深圳　　一路平安——旅顺

宴会喝酒——开封　　千里戈壁——长沙

2. 猜国名

红色的庄稼——丹麦　　蓝色的庄稼——荷兰

3. 猜成语

一个美女决定不要孩子——绝代佳人　　一个女人总是离婚——前功尽弃

4. 猜字谜

八九不离十——杂　　明明七成白，偏说全都黑——皂

一家十一口——吉　　给一半，留一半——细

绕口令

1. 小猪扛锄头，吭哧吭哧走。小鸟唱枝头，小猪扭头瞅，锄头撞石头，石头砸猪头。小猪怨锄头，锄头怨猪头。

2. 一平盆面，烙一平盆饼，饼碰盆，盆碰饼。

3. 磨坊磨墨，墨碎磨坊一磨墨；梅香添煤，煤爆梅香两眉灰。

4. 粉红墙上画凤凰，红凤凰，粉凤凰，粉红凤凰，花凤凰。

5. 你会炖炖冻豆腐，你来炖我的炖冻豆腐；你不会炖炖冻豆腐，别胡炖乱炖炖坏了我的炖冻豆腐。

项目五

领队导游服务规范

学习目标

1. 能够准确描述领队导游服务的各个流程及规范。
2. 能够按照领队导游服务的流程及规范进行操作。
3. 培养学生的应变能力、沟通协调能力、团结合作能力、语言表达能力。
4. 培养学生的服务意识、环保意识、文明旅游意识。

任务一 ● 准备工作

任务描述

李文受旅行社委派,准备带领一个21人的旅游团前往泰国进行“泰一地四日游”。作为领队,李文接到旅游团的出团通知后应做好哪些准备工作?

领队准备工作

任务内容

领队是带本地或本国旅游团去中国港澳、中国台湾、国外旅游的导游。这样的领队也分为两种:第一种就是将旅游团带到港澳台地区及其他国家进行参观游览,由当地的导游人员负责景点景区、历史文化、当地风俗的讲解和旅游者的住宿餐饮安排;第二种就是将旅游团带到港澳台地区及其他国家进行参观,全程负责旅游者的吃、住、行、游、购、娱。

领队作为经国家旅游行政主管部门批准组织出境旅游的旅行社的代表,是出境旅游团的领导者和代言人,在团结旅游团全体成员、组织旅游者完成旅游计划方面起着全陪、地陪很难起到的作用。

领队的行前准备工作,较之地陪、全陪要复杂很多,不仅涉及行程、计划等工作事项的落实,还需要开行前说明会,与出境旅游者进行游览事项及相关内容的说明,还要辅助旅游者完成其他说明会上提出的工作。因此,领队岗位对从业人员的综合职业素养提出了更高的要求。

一、与计调交接工作

1. 移交出团资料

(1)团队构成的大致情况,包括团队成员人数、性别、年龄、职业等。

(2)团内重点团员的情况,如团队中是否有贵宾或重要人物。

(3)团队的完整行程。

(4)团队的特殊安排和特别要求,如住宿、餐饮或其他方面的要求。

2. 移交出境旅游行程表

(1)行程表的内容。

(2)游览线路、时间、景点。

(3)交通工具的安排。

(4)食宿标准、档次。

(5)购物、娱乐安排以及自费项目。

(6)组团社和接团社的联系人和联络方式。

(7)遇到紧急情况的联络方式。

(8)移交"中国公民出国旅游团队名单表"。

3. 研究旅游团及接待计划

(1)熟悉旅游团成员的基本情况。

(2)熟悉旅游行程接待计划。

4. 核对旅游团成员信息

(1)将旅游团成员护照/通行证与机票核对,包括中英文姓名、目的地等。

(2)将旅游团机票与行程核对,包括国际段和国内段行程、日期、航班、转机间隔时间等。

(3)将证件与名单表核对,包括出境旅游人数与"团队名单表"是否一致。

(4)对旅游团证照内容核对,包括姓名、性别、签发地等是否一致,签证、签注是否与前往国(地区)相符,签证的有效期、签证水印及签字等。

二、行前说明会

行前说明会是领队根据出团通知书约定的时间召集本团队旅游者在出发前举行的会议。在会上,领队要把旅游中的有关事项告知每一位旅游者,同时与旅游者认识并让旅游者之间相互认识和接触,这样便于以后的团队组织工作。具体如下:

(1)在为旅游者办好护照签证机票、确认该团能成行后,行前说明会于出行前一天至一周内召开。

(2)参会人员包括参团的全体旅游者、旅行社出境部经理和领队,地点一般在旅行社会议室或旅客自选地。

(3)主要目的是使旅客之间、旅客与领队之间认识并由旅行社向旅游者说明出境前的准备工作及出境后的注意事项。

(4)出团说明会的内容。

①致欢迎辞,包括领队的姓名、联系方式,并表明为大家服务的工作态度,并请大家对领队的工作予以配合和监督。感谢大家对组团社的信任,选择参加该团队。

②向旅游者发放“出境旅游行程表”“旅游服务质量评价表”和团队标识等。

③对每位旅游者提出要求:注意统一活动,强化时间观念及相互之间团结友爱。

④按行程表逐一介绍旅游行程,包括出境、入境手续与注意事项,旅游行程,但必须强调行程表上的游览顺序有可能因交通等原因发生变化。同时说明哪些活动属于自费项目,旅游者可以选择,也可以不参加。

⑤介绍旅游目的地的基本情况、风俗习惯和相关的法律、法规知识,并提出要求。

⑥告知外币兑换与手续(中国海关规定每位出国旅游人员可携带人民币6 000元,外币现金折合2 000 美元),公布分房名单。

⑦说明卫生检疫:通常在开说明会时由旅行社联系省或自治区或直辖市的卫生检疫局人员来注射疫苗和签发黄皮书,也可在出境时领取黄皮书。

⑧强调集合时间,回答旅游者的问题,登记旅游者的特殊要求。通常要比航班离港时刻提前 2 小时,在机场指定位置集合;如乘火车或汽车,也要在发车时间 1 小时前到达指定位置集合。

⑨人身安全:告诫旅游者在境外要注意安全,特别是在海滨或自由活动时。

⑩财物保管:告诫旅游者不要把财物放在旅游车上,并向旅游者讲解在酒店客房如何保管贵重物品、如何使用酒店提供的保险箱,以及在旅途中托运行李时,如何保管贵重和易损物品等基本旅游知识。

⑪出入国境时注意事项:告知有关国家的法律和海关规定,说明过关程序及有关手续。

⑫有首次出境旅游的旅游者,最好将旅游中的其他有关事项对其逐一介绍。

⑬告知目的地的风俗和禁忌。

(5)说明会上应落实的事项。

①为旅游者划分好酒店住宿房间(加床、不占床、单间房等),分房时应掌握的原则:名单上注明为夫妇的,应安排同一房间;同性亲友在征询其意见的前提下,尽量安排同一房间;禁止安排非夫妇异性成年旅游者同住一房。

②确认国内段远程机票是否已定或是否交款。

③确认机场税是否包含。

④旅游者中是否有单项服务、离团活动等特殊要求。

⑤旅游者中是否有清真者、素食者。

三、行李物品准备

1. 带团必备物品

(1)领队证、护照、身份证、机票、已办完手续的团队名单表。

(2)旅游团队计划、自费项目表。

(3)国内外重要联系电话号码和名片,领队不仅应有前往国家接待社总经理和业务操办人的联络电话,还应有组团社责任人的联络方式,以便在旅游过程中发生问题时能够及时联络。

(4)编制名单表时,应当根据旅游者参团时的住房需求确定分房顺序。对零散旅游者应当根据所在单位、年龄、职务等相关因素综合考虑安排住房,以减少旅游者与旅游者间的差异感。

(5)国家旅游局颁发的“出境名单表”一式三联,第一联在通过边防检查站出境检查后留存于边防检查站;第二联在通过边防检查站入境检查后由边防检查站留存;第三联应加盖出入境章后由领队带回存档备查。团队实际人数与名单人数发生增减变更、名单上旅游者信息有错误等,均应修正后加盖印章。

(6)旅行社社旗、社牌、旅游者胸牌、行李标签。

(7)旅游者问卷表、领队日记簿。

(8)旅行包(核对该团是否提供)。

(9)各国入、出境卡:通常是两页左、右格式或上、下两页格式,入境时移民局取下入境表(卡)后,出境表(卡)留在护照里。

(10)海关申报卡。

(11)机场税款及团队费用。

2. 个人生活用品

个人生活用品包括:个人服装、常用药品、生活必需品、日用杂品等。

3. 工作辅助物品

工作辅助物品包括:书籍、地图、通信工具、急救电话、备用小礼品等。

任务练习

根据所学内容，分小组召开一个行前说明会。

任务二 ● 陪同服务

任务描述

李文受中国旅行社总社（北京）有限公司的委派，出任专职领队。在一次飞往台湾的途中，出现几家旅行社的旅游者争抢空位的现象。李文第一时间就跟自己团队的旅游者说，如果需要调整位子，由她统一跟机上服务人员协调。在李文的提醒下，团队最终表现出良好风范，得到了乘务长和机上服务员的称赞。

李文知道领队做好陪同工作是十分重要的，请分析领队的陪同工作有哪些。

任务内容

领队陪同服务

领队就是一个旅行团的“灵魂”，要为客户提供人性化服务。服务的人性化程度越高，所带团队就越融洽，旅游质量才能越好。而在团队出境服务环境，往往在很大程度上体现出团队出境服务的个性化需求，也是领队专业知识与技能完美结合的表现。

一、领队基本工作内容

（一）联络工作

1. 及时与接待方联系

旅游团到达目的地后，领队要及时与接待方旅行社派出的全陪、地陪联系，告知实到的旅游者人数，通报旅游者的特殊要求。

2. 当好代言人

作为旅游团的代言人,领队要代表旅游团向接待方旅行社(一般通过导游人员)转达旅游者的要求、意见、建议乃至投诉,但要努力保持与接待方旅行社的良好关系。领队是旅游团的代言人,但不是“传声筒”。

(二)执行旅游计划

1. 商定日程

到达目的地后,领队要尽早与接待方的导游人员商定日程并向旅游者宣布活动计划。

2. 监督实施旅游计划

在旅游期间,领队要认真监督接待方旅行社实施旅游计划,也要积极协助全陪、地陪组织、安排好旅游计划和活动日程,共同搞好旅游接待工作;当旅游活动不顺利,特别是发生意外事故时,领队要与接待方导游人员密切合作,保护旅游者的生命财产安全,妥善处理事故,消除不良影响。

3. 保护旅游者的合法权益

当接待方旅行社或某一接待部门不履行合同,旅游者的利益受到损害时,领队应与接待方交涉,保护旅游者的合法权益,必要时向派出方旅行社报告。

4. 认真处理旅游者的委托事务

认真处理旅游者的委托事宜:导游一旦接受旅游者的委托,就要认真、周到地落实各项事宜,绝不能敷衍了事。

(三)团结工作

1. 维护团结

作为旅游团的领导,领队要努力协调旅游团成员之间的关系,维护团结;领队要关心旅游者,观察旅游者的情绪变化,努力帮助他们保持游兴。

2. 妥善处理矛盾

当旅游者与接待方导游人员发生矛盾时,领队应出面斡旋,力求消除矛盾;当接待方的全陪和地陪发生矛盾时,领队应本着友好协作的精神妥善处理。

(四)掌管证件

1. 掌管旅游团的集体签证

旅游期间,领队要保管好旅游团的集体签证并在需要时收取旅游者的护照等证件,用毕归还。

2. 中国出境旅游团的领队要集中保管护照

中国出境旅游团的领队应在离境前收取旅游者的护照等证件，集中保管，便于工作；努力避免旅游者在国外滞留不归。

（五）出发前集合

（1）领队应提前到达：比规定时间至少早 10 分钟到达，开启手机，将队旗直立竖起等待旅游团到达。

（2）为旅游者签到，同时注意电话联系未到达的团友。

（3）发表简短讲话，告知下面将要办理的登机、海关等手续。

（4）对发生的特殊情况及时进行处理，如旅游者迟到、临时取消旅行。

（六）办理海关申报

（1）了解海关通道：海关通道分为“红色通道”（亦称“应税通道”）和“绿色通道”（亦称“免税通道”）。

（2）领队带旅游者办理海关申报手续海关手续：无须申报物品的旅游者走绿色通道；需申报物品的旅游者走红色通道并办手续，如携带摄像机、照相机、收录机、电脑等个人物品须据实申报。持申报单交验护照。

（七）办理乘机手续及行李托运手续

（1）了解民航国际航班的行李托运携带规定，包括计件免费行李、行李赔偿、行李声明价值。

（2）协助办理乘机及托运手续，告知规定、行李集体办理和单独办理。

（3）将边检、登机所需物品发给旅游者，如证件、机票、登记卡等。注意在此环节不可委托代发，同时要注意提醒旅游者妥善保存、行李票据应由领队保管。

（八）卫生检疫

（1）黄皮书查验。

（2）其他的卫生检疫特殊检查，如 2003 年“非典”时期，出入境关口要测量旅客体温。

（九）边防检查及登机安检

（1）边防检查步骤：填“边防检查出境登记卡”（如是团体签证或到免签国家出示“中国公民出国旅游团队名单表”即可），接受检查。

（2）安检：世界各国普遍采用的一种检查制度，通常包括搜身、用磁性探测器近身检查、过安全门、物品检查、红外线透视仪器检查。

（十）飞行途中

协助机组人员向旅游者提供必要服务，包括乘机相关服务，如调座位、用餐、熟悉救生设备、解答疑问和填写入境表格（入境卡、海关申报单）。

二、入境服务程序

到达旅游站或目的地后，办理有关入境手续，通常称为“过三关”，即卫生检疫、证照查询、海关检查。通常，该国或地区的 E/D 卡及海关申报单可以在飞往该国的航班上获取。领队统一领取后分发给团员，并做填表指导。领队不得拒绝为团员代填表格的请求。

（一）卫生检疫

各个国家的形式有所不同，有的需要查验黄皮书和健康申报单；有的只是对旅游者进行检视。

（二）办理入境手续

下机后，领队带领团员至移民关卡，告知团员将填写完毕的 E/D 卡夹在护照签证页交于边检关员审验。提醒团员务必注意秩序，在规定距离外安静等候，礼貌通过。

如系团队签证，领队应先行收齐团员护照和 E/D 卡，与团体签证（有时应持复印件换领原件）一同交于移民官审验并核对电脑记录。完成后，领队将护照按签证名单顺序发还给团员，依次通过关卡。此时，领队务必提醒旅游者妥善保管加盖有入境章的 E/D 卡的剩下部分。出境时需要提供，如有遗失将会造成很大麻烦。

许多国家由移民局“把守”，需要旅游团出示证件，同时旅游者要接受工作人员盘问，问题主要针对入境原因展开，同时还要进行相关的入境检查。

（三）领取托运行李

领队查询行李到达的传输带号码，带领旅游者领取行李。领队如先于团员通过移民关卡，应回头照顾团员，并请已过关的团员协助取行李。领队必须提醒团员检查各自的行李，如有损毁、丢失，需持行李牌报机场行李部门，等候机场行李部门的进一步联络；如确认丢失，填写行李报失单，由航空公司解决。

（四）办理入境海关手续

至海关检查处，如没有需申报物品，直接递交海关申报单即可。但海关要求检查时，请团员配合立即开箱受检。同时告诫其他团员切勿远离，因国际性机场大且布局较复杂，离散后不易寻找。如有需要申报的物品，应引导团员至申报查验处，请海关官员查验。通常入境海关手续包括以下几种：

(1)免检:针对特定人群或公务签证等。

(2)口头申报:在现阶段入境中较普遍。

(3)填写海关申报单:需要由入境旅游者自行完成,主要针对其所携带物品决定。

(4)填写海关申报单并开箱检查:由海关人员针对申报单决定是否开箱检查。

(五)与接待社导游人员会合,了解当地情况

入境手续完毕后出关,领队带领团员与当地接待人员联络,上车并清点人数。某些国家或地区,需再次收齐全团护照,到达酒店后交由当地接待人员保管或者保存于酒店保险箱。至此,办理国外的入境手续才算完成。

三、境外服务程序

"在家千日好,出门一日难",这句古话也间接地说明团队出境服务的难度。在异国他乡,很多旅游者都会在情绪和心理上产生一定的波动,从而把情绪转移到对领队的工作内容当中,因此,就对领队境外服务提出了更高的要求。

(一)领队与导游密切合作

领队致欢迎辞时引出境外导游;与导游就具体接待事项进行商定。

(二)境外住店及用餐服务

(1)住店:领队分房间并提醒和告知旅游者注意事项。如中外星级标准的差别、小费问题、房间物品的使用、国外的行为礼仪等。

(2)用餐:中西餐的差异,告知旅游者用餐的规矩。

(三)购物及观看演出服务

(1)购物:监督地陪安排购物的时间和次数;正确指导旅游者购物;提出注意事项。如:退税规定;限制携带出入境数量;商品规格与制式和我国的差异;全球联保、信用卡使用等。

(2)观看演出:正规场合对服装有要求。

(四)游览观光

(1)让旅游者了解每日的行程计划。

(2)辅助当地导游完成游览计划。

(3)留意旅游者动向,保护旅游者安全,领队需要置身在团队的最后方。

（五）境外其他服务

（1）返程国际机票确认。

（2）督促旅游计划执行。

（3）维护旅游团内部团结。

（4）保管证件和机票等工作。

（六）特殊问题处理

（1）紧急事件的处理。紧急事件包括旅游者遗失证照、机票、金钱、行李等；旅客走失、团员失散；交通意外事故（飞机、火车、巴士、轮船或马路上的意外事故）；旅客重病或死亡；旅馆失火、失窃或抢劫发生；旅客饮食出现问题；预定行程变动或导游、车子没到等。

（2）旅游纠纷。包括行程变动时（动线、景点、门票、参观地点不开放等）；收费有落差、涵盖的项目不清楚时，领队如何弥补旅客心理的不平衡；旅游契约书上的争议、民法内旅游专章的规范、消费者保护法的精神所在；购物、自由活动、餐食（口味）、旅馆（等级、设备、地点）自费行程等。

四、入境归国服务

大多数出境旅游团在返程入境过程中，都少了之前出境的谨慎，会因为个人需求发生所带物品不符合规定、超重等各类问题，对于领队，必须要把握各项返程入境服务工作的关键点，从而尽量避免上述问题的发生。

（一）离他国境服务

（1）办理乘机手续：托运行李；换领登记卡；将证件、机票发给旅游者。

（2）购买离境机场税：购买机票时一起付清，但个别国家例外，如泰国需在乘机前现场购买。

（3）办理移民局离境手续：包括填出境卡、通过离境边检（护照盖离境章或签证盖"USED"章）。

（4）办理海关手续。

（5）办理购物退税手续，欧美、澳洲以及南非等国家和地区都实行退税规定，可现场办理，也可回国内办理。北京、上海、广州等大城市设有退税点。

（6）登机，要及时注意原定登机口是否改变。

（二）入中国境服务

（1）接受检验检疫。

(2)接受入境边检。

(3)领取行李。若遗失通常在查找21天后向所搭乘航空公司索赔。

(4)接受海关检查:旅游者申报物品复带入境。

任务练习

结合实际谈一谈:如果你是一位旅游者,你希望领队做好哪些陪同服务?

任务三 ● 后续工作

任务描述

愉快的旅程已经结束,但是领队的工作还未结束。领队如何做好后续工作?

任务内容

领队后续工作

一、送别

(1)带旅游团安全回国(家乡)。

(2)诚恳征求旅游者的意见和建议。

(3)代表旅行社举行告别宴会(有时由旅行社领导出面宴请),致欢送辞,努力使旅游团的活动善始善终。

二、处理遗留问题

(1)协助旅行社领导处理可能出现的投诉等问题。

(2)妥善处理旅游者的委托事务。

(3)与旅行社结清账目,归还物品。

三、写好"领队日志"

领队写好"领队日志"具有十分重要的意义。组团旅行社的领导往往是通过"领队日志"了解接待国(地)旅游业的发展状况、旅游服务水准、导游人员的业务水平、旅游设施水准以及演变状况等,从而采取必要对策。因此,领队应重视"领队日志"的编写工作。

"领队日志"的内容主要包括下述几点:

(1)旅游者状况、表现、意见、建议以及对旅游活动的反映。

(2)接待方的酒店、交通、餐饮、娱乐场所等旅游设施状况及接待水准。

(3)接待方全陪和各地导游人员的知识水平、导游服务技能、处理问题的能力和服务态度。

(4)接待方旅行社落实旅游接待计划的状况以及存在的主要问题。

(5)与接待方导游人员之间的合作状况以及存在的主要问题。

(6)旅游过程中出现的问题或事故的原因、处理经过和结果,旅游者的反映等。

(7)带团中的成功经验和失败教训以及自己的意见、建议等。

四、与旅游者保持联络

拟写一份"领队日志"。

___

___

___

携带文明出国门

旅游,是一国国民文明素养的集中展示。五千年文明古国、礼仪之邦,带出国的不应该只是消费力,还应该展示出国人健康文明的素质以及良好的国际形象。出境领队带领旅游者到国外旅游，有责任提醒旅游者在境外要文明旅游。

为提高公民文明素质，塑造中国公民良好国际形象，中央文明办、国家旅游局联合颁布了《中国公民出境旅游文明行为指南》。领队要提醒每位公民出境旅游时要努力践行该指南，克服旅游陋习，倡导文明旅游行为。该指南内容如下：

中国公民，出境旅游；注重礼仪，保持尊严。

讲究卫生，爱护环境；衣着得体，请勿喧哗。

尊老爱幼，助人为乐；女士优先，礼貌谦让。

出行办事，遵守时间；排队有序，不越黄线。

文明住宿，不损用品；安静用餐，请勿浪费。

健康娱乐，有益身心；赌博色情，坚决拒绝。

参观游览，遵守规定；习俗禁忌，切勿冒犯。

遇有疑难，咨询领馆；文明出行，一路平安。

项目六

景点（区）导游服务规范

学习目标

1. 能够准确描述景点(区)导游服务的各个流程及规范。
2. 能够按照景区导游服务的流程及规范进行操作。
3. 培养学生的应变能力、沟通协调能力、团结合作能力、语言表达能力。
4. 培养学生的服务意识、环保意识、文明旅游意识。

任务一 ● 服务准备

任务描述

商丘古城旅游景区作为国家4A级旅游景区,每年都吸引了大批旅游者。应天文化景区副主任张海军说,景区讲解员普通话要好,形象气质佳,待人接物得体,服务旅游者周到,对个人素质上的要求很高。按照省旅游局的要求,每个讲解员都要有导游证。

在旅游旺季,讲解员每天早上7点半就要到岗。带队前,先检查自己的衣着是否得体,需要的扩音器电池电量是否充足,查看团队的行程表等,做好准备工作。

景区对讲解员的知识储备要求也很高。讲解员杨占杰说:“同一个景点,我每次讲解的内容都不完全一样，根据自己的积累，每次都要加入一些新的东西。有空的时候，自己会单独去景区，站在各个景点前，会思考、发掘出一些内在的东西，充实自己。”

请分析，景区讲解员应做好哪些准备工作？

任务内容

景点（区）导游提供旅游区、自然保护区、博物馆、纪念馆、名人故居等地的导游服务。导游人员应通过其讲解，使旅游者对该景点（区）或参观地的全貌和主要特色有较为全面的了解，并有保护环境、生态系统或文物意义的认识。

一、准备工作

景点导游接待程序可分为迎客前的准备工作、游览中的规范与服务、送客时的规范与服务等。在接团中任何事情都有可能发生，所以要想做到万无一失，接团前的准备工作就显得十分重要。一般来说，接团前准备工作如下：

1. 熟悉情况

（1）了解接待的旅游团（者）的基本情况，如人数、性质、身份等，以确定讲解方式及侧重点。

（2）熟悉景点（区）基本情况，包括景区概况、历史沿革、民间传说、历史或观赏价值、建筑特色和建筑风格、相关历史背景等。

（3）景区相关知识。掌握景区的管理规定、景区环境与文物保护知识、安全常识，并有机地融入景点讲解中。

（4）掌握必要安全知识。

2. 物质准备

（1）准备好导游图册和分发给旅游者的旅游景点（区）宣传资料及相关小纪念品。

（2）准备好导游讲解的工具或器材，如话筒、耳麦、导游旗、洞穴游览中的照明工具等。

（3）按规定要求做好形象准备，如着装、标志的佩戴等。

3. 讲解技巧和应变能力

掌握熟练的讲解技巧是做好景区导游的关键。景区导游面对的旅游者每天、每团不同，导游必须根据旅游者的文化水平、知识结构、游览季节和时间的差异，随时变换自己的讲解内容和讲解风格，提高讲解的针对性。

在景区导游工作过程中，随时随地都可能会发生意外事故，应变能力是景区导游应对和处理突发事故的基础，强大的应变能力有助于减少事故损失。

任务练习

结合身边景区为旅游者准备一份具有代表性的小纪念品。

任务二 ● 接待服务

任务描述

旅游者来到景区，可以通过手机App软件查看景区导游图，查找合适的住宿酒店；扫描景区的二维码，就能听到各个景点详细的解说，实现自导自玩。很多景区已经能够给旅游者提供语音“小导游”的功能。手机自助导游App软件要能显示景区导游图、支持无线上网、支持全球定位系统，完成自助导游讲解，详细信息查询，提供周边服务设施导航等功能，支持内容分享等网络推广功能。

接待服务

请分析景区导游的接待工作，思考语音导游能否取代景区人工导游？

任务内容

一、致欢迎辞

欢迎辞包括自我介绍、表示欢迎、表达工作愿望、希望大家合作和指导等内容。

范例：

各位旅游者，大家好！首先，我代表××景区向大家的到来表示热烈的欢迎！我的名字叫张玲，大家可以叫我小张或玲玲。非常高兴能为你们导游，如有什么事需要我效劳的，或讲解中有不明白的地方，请尽管提出，我一定会尽自己的努力去做好。衷心希望这次游览能给大家留下愉快美好的印象。

二、景点讲解

(1)在景点(区)大门前总体介绍景点(区)的基本概况,包括历史、背景总体布局等。

(2)在游览示意图前,向旅游者讲解本次旅游活动的旅游路线,大致所需时间、参观游览的有关规定和注意事项。

(3)带领旅游者按参观游览路线进行分段讲解。讲解应视旅游者的不同类型和兴趣、爱好有所侧重,积极引导旅游者参观和观赏,注意掌握游览节奏,合理安排自由活动的时间。

(4)结合有关景物或展品向旅游者宣传环境、生态系统或文物保护知识,并解答旅游者的问询。

(5)注意旅游者动向与安全。

(6)购物时介绍有特色的旅游纪念品。

范例:沈阳故宫导游词

清宁宫两侧是东西配宫,东配宫包括:关雎宫和衍庆宫;西配宫包括:麟趾宫和永福宫。东西配宫均为皇太极和妃子们居住之所。清宁宫西北角有一根由地面垒起,低于屋脊的烟囱,人们从正面是看不见的。从清宁宫这一系列建筑中,我们可以发现沈阳故宫的两大建筑特点:一是保存了浓厚的满族特色,即口袋房、万字炕、烟囱竖在地面上。二是宫高殿低,清宁宫及其四所配宫均高于皇帝议政的崇政殿和东路的大政殿。这是因为清朝夺取政权前,满族是一个牧猎民族,受生活习惯的影响,把居住的地方建在高处,以防野兽和洪水的侵袭。这与北京故宫恰好相反。

三、购物

导游人员应主动向旅游者实事求是地介绍有特色的纪念品,做好旅游者的购物顾问,制止尾随兜售或强买强卖的行为。

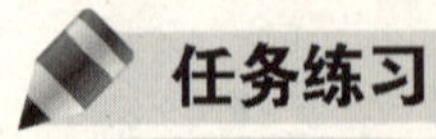

结合自己家乡的旅游景点,以景区导游的身份撰写一篇导游词。

____

____

____

任务三 ● 送别服务

任务描述

董丽媛是龙门石窟景区的一名讲解员。她最忙的时候，每天要接待6～8批旅游者，向每批旅游者讲解的时间为40～50分钟。由于人数较多，年龄不一，为了兼顾每一位旅游者，她根据不同景点刻意调整了讲解的速度和内容：在栈道上走得慢一点，在洞窟前的讲解声音大一点、重点突出一点。董丽媛说："我们的这个工作，没有办法选择自己的旅游者，很多时候需要我们来适应他们的地域习惯、心理习惯，更多的是心情上的习惯，所以细心对于讲解员来说是第一要务。"

董丽媛告诉记者："我们的工作特点是在别人休假的时候，是我们最忙碌的时候。每次看着别人提着大包小包出去旅行，其实也是心生羡慕。但是得到旅游者的赞赏，就是对我们工作最高的认可和褒奖。"

请根据董丽媛的经历，思考景区导游如何做好送别服务，使旅游者有个完满的旅程。

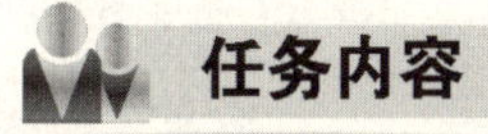

任务内容

一、致欢送辞

在送别服务中最重要的内容是致欢送辞，首先对旅游者参观游览中的合作表示感谢，并征询意见与建议，欢迎再度光临指导。

范例：

各位旅游者，景区的游览就到此结束了。在跟大家道别之际，我对大家的合作表示衷心的感谢。你们的耐心和友善，使得我的工作变得更加容易，你们的合作和理解使我们的游览特别愉快，在此我感谢大家。我们虽然只是短暂的相识，但给我留下的却是最珍贵的回忆，我将永远珍藏与大家共度的美好时光。我期待着能再次见到你们。最后，祝大家旅行愉快，身体健康。谢谢大家！

二、与旅游者告别

在与旅游者告别时，导游也可以赠送有关宣传资料和小纪念品。

三、接待总结

送走旅游者，并不意味着导游工作的结束，还要做好总结工作。这不仅可以提高导游服务效率和导游服务质量，还可以帮助导游人员提高写作水平，填补导游人员只动口、不动手的缺憾。

1. 写好接待记录

完成接待任务后，要认真、按时写好接待记录，实事求是地汇报接待情况。其内容包括接待旅游者的人数、抵离时间，重点旅游者的反映，旅游者对景区景观及建设情况的感受和建议，对接待工作的反映等。

2. 查漏补缺

在总结工作中，应及时找出工作中的不足或存在的问题，根据这些问题进行有针对性的补课，请教有经验的同行，以提高今后的导游水平。

3. 总结提高

对旅游者提出的意见和建议涉及景点导游人员的，应认真检查，吸取教训，不断改进，以提高自己的导游水平和服务质量，涉及其他接待部门的应及时反馈到所在单位，以便改进工作。

任务练习

结合熟悉的景区写一篇欢送辞。

____

____

____

知识拓展

景区导游在讲解时的小技巧

1. 要配讲解设备，保证旅游者能听清楚导游人员在讲什么。很多景区都已经全面禁止使用手持小喇叭、麦克风等扩音器材进行导游讲解服务，取而代之的是无线语音导览或其他非扩音讲解服务。导游要提前检查设备的状态，如是否有电、是否发声等。

2. 选择适当的位置。导游人员可以站在台阶上讲解，也可以让旅游者站成半圆形，这样能使旅游者听清并有利于集中旅游者注意力。在夏季时，要避免旅游者在烈日下听讲解，预防旅游者中暑；在寒冷的冬季，要避免旅游者在寒风凛冽的室外长时间听讲解，预防旅游者着凉。

3. 讲解与引导相结合，集中与分散相结合。导游人员并不是讲得越多越好，有时要让旅游者自我欣赏、自我陶醉。

4. 讲解与聊天相结合。游程中，导游人员要善于同旅游者聊天，这样既可以增进了解，又可以促进沟通、消除误会。

5. 讲解与旅游者的反应相结合。导游人员需根据旅游者的反应调整讲解内容和速度，实现导游讲解活动中双方的互动。

6. 掌握抗干扰技巧。

项目七

特殊问题及事故的处理

学习目标

1. 能够正确叙述旅游过程中特殊问题及事故的处理方法。
2. 能够运用科学的方法分析旅游活动中特殊问题及事故的预防方法。
3. 培养学生周到、细致、耐心处理问题的职业素养。

任务一 ● 旅游活动计划变更的处理

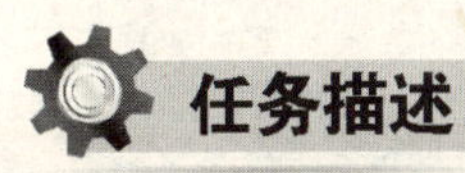

任务描述

2013 年暑假，某旅行社接待一个教师团队参加“昆明—大理—丽江—香格里拉十二日游”。8 月 7 日，旅行团到达丽江，接到当地旅游行政管理部门的通知，由于丽江上游发生洪水，前往中甸的道路很不通畅，将严格控制前往香格里拉旅游的人数，以防不测。地接社导游人员小王和全陪小谢将此情况立即告知带队校领导及部分教师，要求老师们考虑改变旅游行程。可部分教师却不以为然，坚决要求一睹香格里拉“芳容”。

小谢和小王两位导游人员在征得地接社和组团社同意后,决定前往香格里拉。8月8日上午,旅游团发车先到达虎跳峡。果然,车行不远就到了被毁路段,大家看到现场实景再没有说话,只得返回丽江古城。经与带队校领导和老师们协商,两位导游人员将放弃的景点改为游览玉龙雪山,在返回昆明的途中又免费增加一个游览景点,以此来弥补老师们未能如愿完成“香格里拉之游”的缺憾。

一旦旅游团遇到计划变更情况,应如何处理呢?

任务内容

一、旅游活动计划变更

旅游活动计划变更是指由于情况发生了新的变化,而被迫对原有旅游活动计划所做出的一种变更。

二、旅游活动计划变更的原因

(一)客观原因需要变更计划行程

旅游过程中,因天气、自然灾害、交通、社会问题等客观原因和不可抗力的因素,需要变更旅游团的旅游计划、路线和活动日程。

(二)旅游团(者)要求变更计划行程

在旅游过程中,因旅游者向导游人员提出变更旅游路线或旅游日程,造成旅游团不能按原旅游活动计划的安排进行旅游活动、抵达和离开某地,迫使变更旅游计划和活动日程。

三、旅游活动计划变更的处理

(一)客观原因使旅游活动计划变更的处理

客观原因使旅游活动计划变更,一般会出现三种情况,针对不同情况要有灵活的应变措施。

1. 延长在某地的游览时间

旅游者提前抵达或推迟离开都会造成延长在一地的游览时间而变更游览日程。出现这种情况,首先,导游人员应与接待社有关部门或有关人员联系,重新落实订房、订餐、订车的情况，并及时落实旅游者离开当地的机（车、船）票等事项；其次，迅速调整活动日程，在征得旅游者的同意后，适当地增加具有当地特色的旅游景点，并收取相应的费用，适当地延长在主要景点的游览时间，还可以安排一些娱乐活动，活跃团队气氛；最后，导游人员应及时提醒接待社有关人员迅速通知下一站该团的日程变化，使其尽早安排退房、退车等相关事宜，以减少经济损失。

2. 缩短某地的游览时间

旅游者推迟抵达或提前离开都会缩短在一地的游览时间，导游人员应合理安排好时间，尽量想办法完成旅游活动计划。如果时间允许，尽量抓紧时间，将计划内的旅游景点参观游览安排完成；如果时间来不及，就要先游览当地最著名、最具有代表性的景点，对于未游览的景点可以在旅行途中，如旅游车上，向旅游者进行介绍，以弥补旅游者心理上的遗憾。如系提前离开，导游人员应及时向旅行社领导和有关部门报告，与酒店、车队联系，及时办理退餐、退房、退车等相关事宜，并通过旅行社计调人员及时通知下一站做好接团的准备工作。

3. 被迫改变部分旅游计划

旅行社因洪水、大雪封山、维修改造等情况，被迫改变旅游活动计划，特别是取消一地的游览项目，会引起旅游者的强烈不满。此时，导游人员应实事求是地将情况向旅游者讲清楚，求得谅解，并采取适当的补救措施，同时要把服务工作做得更好。如果某一景点（或活动）被另一景点（或活动）代替，地陪导游人员应以精彩的导游讲解、热情而周到的服务激起旅游者的游兴。如果是取消一地或减少景点的游览，全陪人员应及时上报组团社，由组团社做出决定通知地接社。

（二）旅游团（者）要求旅游活动计划变更的处理

对于旅游团（者）要求变更旅游计划、路线和活动日程，原则上应按旅游活动计划执行；遇有旅游者的要求非常强烈或由领队提出，导游人员也无权擅自做主，要上报组团社或接待社有关人员，须经有关部门同意，并按照其指示和具体要求做好变更工作。

任务练习

导游人员小王接待的某旅行团原计划于12月23日16:00乘飞机由H市飞抵S市。22日晚饭后，小王突然接到内勤通知，该团因故必须乘23日8:00的航班提前离开H市。该团即将抵达机场时，××团员神色慌张地告诉小王，她将一条钻石项链放在枕头下面，因离开酒店时匆忙，忘记取出，要求立即返回酒店。

问题：小王接到内勤的变更通知后，应该做哪些工作？

______

______

任务二 ● 漏接、空接、错接机(车、船)事故的处理和预防

任务描述

导游人员提前两个小时从市里出发前往机场接团,在离机场还有两公里的地方不幸遇到了交通事故,旅游车被堵在路上。等交通管理部门疏导现场,导游驱车赶到机场时,已经迟到了半个小时,旅游者们早已拿着行李集合在停车场上等他了。导游一边帮旅游者安放行李,一边赶紧请旅游者上车。在车上,导游再次向旅游者解释自己迟到的原因并表示歉意,可是部分旅游者仍然情绪激动,有人还讲了几句难听的话。

思考:导游在接站时容易发生哪些事故呢? 应如何应对这些事故呢?

任务内容

一、漏接事故

(一)什么是漏接事故

漏接事故是指旅游团(者)抵达目的地后,无导游人员迎接致使旅游团久候的现象,即地陪没有准时到达接站地点迎候旅游者。漏接有责任事故和非责任事故。

(二)漏接的原因

1. 导游人员的责任

(1)导游人员没有执行旅游计划,未按服务程序提前到达接站地点。

(2)导游人员工作责任心不强,如记错了接站地点。

(3)导游人员没有再次核实接站的时间,或是由于某种原因,原定车次、班次、船次变更使旅游团提前到达,而导游人员仍按原计划去接团。

(4)导游人员未按时到达接站地点接团。

(5)导游人员举牌接站的地方选择不当。

2. 旅行社的责任

(1)原定班次、车次或船次变更,使旅游团提前到达,但本站接待社没有接到上一站接待社或组团社的通知。

(2)本站接待社有关部门没有将旅游团因班次、车次或船次变更的消息通知该团的导游人员,使导游人员仍按原计划去接团。

3. 客观因素

由于天气或交通工具出现故障等原因,原定班次的飞机(火车、轮船)提前或延误到达,而旅行社及导游人员事前又没有接到任何通知,造成漏接,这种漏接属非责任事故。

(三)漏接的处理

错接的预防

1. 赔礼道歉

无论是什么原因导致漏接,导游人员都应该向旅游者赔礼道歉,消除旅游者的不满情绪。

2. 赔付费用

如果是责任事故导致漏接,导致旅游者自行回酒店,导游人员应设法尽快找到旅游者,赔礼道歉并赔付相应的费用。

3. 说明情况

漏接发生后,导游人员应实事求是地向旅游者说明情况,尽量争取旅游者的谅解。

4. 加倍努力

漏接发生后,导游人员应加倍努力,以更加饱满的热情和更加周到的服务赢得旅游者的认可。

5. 物质补偿

漏接发生后,为了缓解旅游者的负面情绪,导游人员应该适当地给予旅游者物质补偿,如第一餐加餐标、加特色菜或赠送纪念品等。

(四)漏接的预防

1. 加强职业责任感

导游人员应该加强职业责任感,树立全心全意为旅游者服务的意识。

2. 认真阅读接待计划

导游人员应该认真阅读接待计划,严格按照接待计划进行接团服务。

3. 提前到达接站地点

导游人员应该按照相关规定,提前最少 30 分钟到达接站地点,迎候旅游团。

二、空接事故

(一)什么是空接事故

空接事故是指旅游团由于某种原因推迟抵达,而导游人员仍按原计划预定时间前往接站地点却没有接到旅游团的现象。

(二)空接的原因

1. 客观因素

由于天气问题或交通工具故障,旅游团仍滞留在上一站或途中,上一站接待社并不知道这种临时的变化,而全陪或领队又无法及时通知地方接待社,这是造成空接的主要原因。

2. 接待社的责任

接待社已接到上一站的有关变更通知,但是有关计调人员工作疏忽,忘记通知该团的地陪,而地陪还按原定的时间、地点接团,造成空接。

3. 组团社的责任

旅行社临时取消计划中到某地的行程,但组团社没有通知地接社,地接社导游人员还按原计划去接团。

4. 旅游者本身原因

由于旅游者生病、有急事,或其他原因,临时决定取消旅游,未能乘飞机、火车或轮船前往下一站,但又未及时通知下一站接待社,造成空接。

(三)空接的处理

1. 电话联系

(1)先排除漏接:与酒店联系,核实旅游团(者)是否已自行抵达酒店(因改乘了其他航班或车次提前抵达)。

(2)应立即打电话与本社有关计调人员联系并查明原因。

(3)海外旅游团(者)如果是入境首站,应马上到有关航空公司驻机场办事处查阅乘客名单,看其是否登机,然后再与接待社有关人员联系。

2. 继续等候

如旅游团推迟到达的时间不长,地方陪同导游人员应留在接站地点继续等候,迎接旅游团的到来。

3. 请示汇报

如推迟时间较长或旅游团(者)因故不能来本站时,要请示旅行社有关领导的意见，做好退房、退餐、退票等工作。

三、错接事故

（一）什么是错接事故

错接是指导游人员在接站时未经认真核实，接了不应由其接的旅游团（者）。

（二）错接的原因

错接是由导游人员的责任心不强造成的。很显然，错接一般属于责任事故，是可以避免的。

（三）错接的处理

1. 查找原因

一旦发现错接，地方陪同导游人员应马上查找错接的原因，并了解清楚错接是发生在同一家旅行社接待的两个旅游团，还是另外一家旅行社的旅游团。

2. 及时处理

尽快与错接的旅游团导游人员取得联系，处理得越及时越好。

（1）如果错接发生在同一家旅行社接待的两个团，经领导同意后，地陪可不再交换旅游团，但地陪要互通信息，把各自原来要接的团的接待计划以及注意事项告诉对方。

（2）如果错接的是另外一家旅行社的旅游团，地陪应立即向接待社领导汇报，并设法尽快交换旅游团。

（3）地陪还要处理好酒店、餐厅、行李等问题。要向旅游者赔礼道歉，并实事求是地说明情况，请求旅游团（者）的原谅。

（四）错接的预防

1. 认真阅读接待计划

导游人员在接团前应仔细阅读接待计划，认真记录相关信息，以备接团时核对。

2. 提前到达接站地点

为了预防错接事故，导游人员一定要按照相关规定，提前最少 30 分钟到达接站地点。

3. 认真核实相关信息

导游人员在接到旅游团（者）后，须认真核实旅游者源地组团旅行社的名称，旅游目的地，组团旅行社的名称，旅游团代号、人数和领队的姓名（无领队的旅游团要核实旅游者的姓名)、全陪的姓名,接待社的名称及下榻的酒店等相关信息。

4. 提高警惕严防事故

导游人员应时刻提高警惕,严防社会其他人员非法接走旅游团。

任务练习

某地一个组团社有两个旅游团到海南旅游,其旅游计划是一样的,乘坐的飞机航班、行程、人数、标准也相同,只是海南的接待社不同,分别是 X 旅行社和 Y 旅行社,地陪分别是小张和小李。当他们在机场出口处迎接旅游团时,只见两个举着同一旅行社的小旗,戴着同一旅行社的帽子,并背着相同的行李袋的团队。小张很高兴地走上去,确认了人数,便热情地招呼大家上车。小李见到小张已带走一队,自己也把另一个团带走了。直到吃晚餐时,小李才发现,此团并非自己接待社接待的。

问:如果你是小李,应该如何处理此种情况?

____

____

____

任务三 ● 误机事故的处理与预防

任务描述

某旅行社接待一个香港旅游团。该团计划在当地停留两天半,乘坐第三天 14:30 的航班离站返北京回港。但由于航班机票预订问题,地接社临时改订第三天 13:00 航班离站,并通知了组团社和下站地接社。但是,计调人员在导游人员上团前将机票交给她时却没有着重强调航班的变化。而地陪未能按照地陪接待程序要求,在送团前一天仔细核对接待计划和交通票据,想当然地认为手里拿到的机票是接待计划中安排的 14:30的航班。团队按照导游人员制订的地接计划完成第三天上午的日程并用完午餐后,于 13:00 左右抵达机场,飞机已经起飞。

思考:什么是误机(车、船)事故呢?应如何应对呢?

任务内容

一、什么是误机(车、船)事故

误机(车、船)事故是指由于旅行社有关计调、票务人员在工作中出现失误或其他原因,造成旅游团(者)没有按原定航班(车次、船次)离开本站而导致暂时滞留在本地。误机(车、船)事故属于重大事故,往往会给旅行社带来重大的经济损失,甚至影响旅行社的声誉。误机(车、船)事故一般可分为两种情况:一种是将成事故,即导游人员预知旅游团无法在飞机(车、船)离港前抵达交通港;一种是既成事故,即已经造成误机(车、船)事故。

二、误机(车、船)事故的原因

导致误机(车、船)事故的原因有很多,可归纳为主观原因造成的责任事故和客观原因造成的非责任事故。

(一)主观原因造成的责任事故

1. 导游人员造成的

(1)导游人员安排日程不当,时间上没留有余地,临行前安排旅游者到地广、人多的景区或商业区参观游览、购物,延误了时间,致使旅游团没有按规定时间到达机场(车站、码头)。

(2)导游人员在核实交通票据时,没有认真落实"四核实"(核实计划时间、时刻表时间、票面时间、问讯时间)工作,看错了送站的时间和地点或航班(车次、船次)的始发时间。

2. 其他工作人员的责任

(1)旅游团(者)所乘航班次(车次、船次)变更,但旅行社有关人员没有及时通知导游人员或提醒导游人员。

(2)行李员迟到造成误机(车、船)。

(二)客观原因造成的非责任事故

(1)不可抗力因素,如战争、骚乱、罢工、交通堵塞、交通事故,以及恶劣的天气、泥石流、风暴、洪水、地震等,这些是不能避免并不能克服的客观情况。

(2)旅游者走失、不服从导游安排等由旅游者自身原因造成的。

三、误机(车、船)事故的预防

误机(车、船)事故会带来严重的后果,为了防患于未然,做好预防工作十分重要。

(1)导游人员应该提前认真核实交通票据,包括离站的地点、日期、时间、班(车、船)次等信息。

(2)旅游团快要离开本地时,不宜安排旅游者到地域复杂、人流多的景区或商业街参观游览或购物,不要安排自由活动行程。

(3)安排送站时间的时候,应考虑交通堵塞或突发事故等因素。

(4)留有充足的时间确保旅游团提前到达机场(车站、码头),详细时间参看导游提前送站时间表(见表7-1)。

表7-1　导游提前送站时间表

序号	类　型	国际航班	国内航班	火车或轮船
1	旅游团队	两个小时	一个半小时	一个小时
2	散　客	两个小时	一个小时	40分钟

四、误机(车、船)事故的处理

一旦发生误机(车、船)事故,导游人员应该沉着、冷静地进行处理,将损失降到最低。

(一)将成事故的处理

(1)导游人员应该立即向旅行社有关部门报告有关情况,请求协助处理。

(2)导游人员和旅行社应尽快与机场(车站、码头)调度室取得联系。向调度人员讲明旅游团的性质、人数、所乘班次(车次、船次)及延误原因及旅游团可能抵达的时间。

(3)旅行应协调各方面的关系,争取使旅游团按原计划离开。

(4)事后要写书面报告。报告应分析造成本次事故的原因和责任,说明事故处理的过程、旅游者的满意度及对有关责任人的处理。

(二)既成事故的处理

(1)导游人员向旅行社报告,请求协助。

(2)导游人员和旅行社应尽快与机场(车站、码头)调度室取得联系,争取让旅游团搭乘最近航班次(车次、船次)离开,或改乘其他交通工具离开,必要时可以采取包机(车)的形式。

(3)如果旅游团不能马上离开本地,应稳定旅游者情绪,安排好滞留期间的食宿、

游览等事宜。

(4)通知下一站有关变更情况。

(5)导游人员向旅游者赔礼道歉,请求谅解。

(6)写出事故报告,分清责任,对责任人进行处罚。

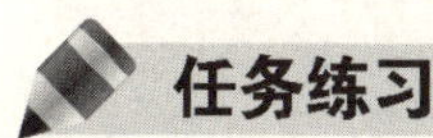

走访当地旅游企业,分析误机(车、船)事故的相关案例,以小组为单位,针对误机(车、船)事故处理能力进行训练。

____

____

____

任务四 ● 行李丢失事故的处理和预防

某旅行社组织的"马来西亚—新加坡—中国香港"旅游团,抵达中国香港后,全团旅游者在领队李文的带领下很快就办理好手续并在行李运送带上取回自己的行李。旅游者李女士却找不到自己的行李。李文知道后马上在四周寻找,却找不到。于是,李文带领李女士到机场行李询问处报失。住酒店后,前台小姐就通知领队李文,李女士的行李已找到。由于行李箱相似,被另一位旅游者拿错了,已在机场调回,现由机场派专车送到酒店。

行李丢失的处理

请根据案例分析导游带团时应如何处理旅游者行李丢失的事故?

任务内容

一、行李丢失的原因

行李丢失的原因多种多样,导游人员首先应判断出行李丢失的地点及原因才能更快地找到。

(一)在乘坐旅游交通工具时丢失

(1)行李在托运或搬运过程中丢失。

(2)航空公司员工把行李装载在其他班机或误送其他机场。

(3)行李外观相似被别人错拿。

(4)认领行李时发现被错寄。

(二)到达目的地酒店丢失

(1)行李被遗漏在上一站酒店。

(2)酒店工作人员送错房间。

(3)行李与其他旅游团的行李混放,没有分清。

二、行李丢失的处理

导游人员分析出旅游者行李丢失的原因后,应采用不同的方法进行处理。

(一)在乘坐旅游交通工具时丢失

(1)导游人员努力寻找(团队内、团队间、运送带及周边等)。

(2)导游人员立即带遗失行李者到机场失物登记处办理行李丢失和认领手续,并出示机票及行李牌,详细说明所乘航班、航空公司、起飞时间、始发站、转运站,说明行李的件数及特征等,并将其一一填入失物登记表,然后将旅游者即将入住的酒店名称、房间号、联系人及联系方式留下,以便航空公司与其联系。

(3)旅游者行李丢失,情绪肯定会受到影响,导游人员应该予以安慰,并协助失主购买一些必需的生活用品。

(4)在当地旅游期间,导游人员应该经常电话询问航空公司是否找到行李。

(5)如在离开本地前还未找到,导游应将接待社的名称、全程旅游线路及各地可能下榻的酒店名称转告给有关航空公司,以便行李找到后及时归还失主。

(6)行李丢失或损坏,根据惯例向有关航空公司索赔。

(二)到达目的地酒店丢失

(1)如旅游团抵达酒店后旅游者没取到自己的行李,则可能在酒店内或运送行李的过程中弄错了,那么导游人员应在本团旅游者房间查找看是否拿错。

(2)如在本旅游团中找不到,应请酒店行李部帮助查找,行李部仍找不到,导游人员应向地接社报告。

(3)导游人员应向失主道歉并协助其购买一些必需的生活用品,如确认行李找不到了,应该由旅行社领导出面向失主说明情况并表示道歉。

(4)事后导游人员应写出书面报告。

三、行李丢失的预防

旅游者行李丢失的责任虽然不在导游人员,但是作为导游人员,在带团过程中也应该做到细心提醒,尽量避免行李丢失的事故发生。

(1)导游人员在每一站行李托运之前要清点行李数量及是否贴上标签。

(2)在每一件行李上应挂上航空公司的行李牌并写上旅游者姓名。

(3)导游人员在每件行李上方贴上旅行社的标签。

(4)下飞机后,提醒旅游者尽快领取行李。

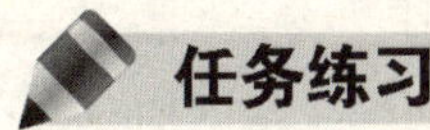

任务练习

某年8月的一天早上,导游人员李文要接待一个10人德国旅游团,李文按照规定的时间到达机场接站,但是等了一个小时才等到几位旅游者出站,询问原因才知道有一个旅游者在传送带上领取自己托运的行李的时候发现行李丢失,在里面找不到。李文请出来的旅游者通知遗失者快速出来上车,否则就会耽误行程,结果使得旅游者不满,对其提出投诉。

试分析造成这次事故的原因,并说明李文应该如何处理此事故。

____

____

____

任务五 ● 旅游者走失事故的处理和预防

任务描述

老张报名参加某旅行社组织的“昆明—大理—丽江—香格里拉双飞8日游”。在昆明旅游时,老张不慎与团队走散,导游和当地地陪在寻找无果的情况下,为了不影响全团其他旅游者的旅游,被迫放弃寻找,并将此事向旅行社经理汇报。旅行社工作人员和老张的4位家属经过几天的寻找,终于将老张找到。之后老张在家属的陪同下,向当地法院提起诉讼,要求旅行社支付寻找自己所支出的费用和未旅游的团费,共计2万余元。

法院审理认为，旅行社组织旅游者旅游，应当充分尽到保障旅游者人身、财产安全的义务。本案中，旅行社的导游虽然明确告知旅游者集合的时间、地点，但没有采取其他更有力的措施来保障旅游者的安全。最后，法院判决旅行社赔付寻找老张的花费及老张未旅游的团费，共计2万余元。

导游应如何应对旅游者走失事故呢？

任务内容

一、旅游者走失的原因

（一）导游人员的原因

（1）导游人员没有向旅游者讲清楚游览的时间及路线、停车位置、车号、上车时间等。

（2）导游人员责任心不强，对旅游者照顾不周。

（3）接团第一天，导游人员没有向旅游者再次说明晚上入住酒店的名称。

（4）导游人员讲解欠佳，内容不丰富，对旅游者缺乏吸引力。

（二）旅游者的原因

（1）旅游者对某个景点或现象产生浓厚的兴趣，滞留时间过长。

（2）旅游者不抓紧时间游览，漫不经心地滞留一处或跟错了团队。

（3）旅游者自由活动，外出购物时没有记住下榻酒店名称或所走路线。

二、旅游者走失事故的处理

（一）参观游览中走失的处理

1. 了解情况，迅速寻找

导游人员应立即了解走失的大概地点、方向、时间，全陪、领队迅速分头寻找，地陪人员则带领旅游团继续游览，并随时保持电话联络。

2. 争取有关部门的协助

导游人员如果一时找不到走失者，应请求游览地管理部门或派出所帮助寻找，将走失者的特征告知各出入口的工作人员，或广播寻人，同时也要打电话与酒店前台和楼层服务台联系，询问走失者是否回酒店。必要时向公安机关报案。

3. 分清责任，做好善后工作

走失的旅游者找到后，导游人员应先安慰因离团而受惊吓的走失者，再了解走失的原因。如果是导游人员的责任，应向旅游者道歉；如果责任在走失者，应对其进行安慰，讲清利害关系，提醒以后注意。

4. 吸取教训，写出事故报告

如发生严重的旅游者走失事故，导游人员应写出书面报告，内容包括旅游者走失的经过、走失原因、寻找的经过、善后处理及旅游者的反映等详细情况。

（二）自由活动中走失的处理

1. 立即报告，请求协助

旅游者单独外出时走失或彻夜未归，导游人员获知后应立即报告旅行社，请求指示和协助，并通过有关部门与公安局、派出所和交警部门联系，请求帮助。

2. 做好善后处理工作

找回走失者后，导游人员应问清楚情况，善意批评并请全团引以为戒，避免走失事故再度发生。如旅游者走失后出现其他情况，应视具体情况做治安事故或其他事故处理。

三、旅游者走失事故的预防

导游人员必须增强服务意识和职业责任感，遵守工作规范，提高服务水平。

（一）全陪（或领队）应采取的预防措施

（1）将行程表给每人一份。
（2）将旅游者分成小组。
（3）放上车头纸。

（二）地方陪同导游人员应采取的预防措施

1. 做好各种预防工作

（1）导游人员每天都要向旅游者报告一天的行程，讲清上、下午的游览地点，中、晚餐的地点和餐厅的名称。

（2）下车后进入游览点之前，地陪要告知旅游者旅游车的停车地点、车号及车的特征，并强调发车的时间。

（3）进入游览点后，在该景点的示意图前，地陪要向旅游者介绍游览路线，所需时间，集合的时间、地点等。

2. 随时清点人数

导游人员要时刻与本团旅游者在一起，注意旅游者的动向，经常清点人数。

3. 吸引旅游者注意

导游人员讲解的内容是否丰富，导游技巧是否运用得好，直接关系旅游者的注意力是否集中。

4. 做好提醒工作

旅游者单独外出时，地陪要提醒旅游者记住接待社的名称、与导游人员的联系方法、下榻酒店的名称及电话号码等。

自由活动时，地陪要建议旅游者最好结伴同行，不要走得太远；提醒旅游者不要太晚回酒店，不到秩序混乱的地方。

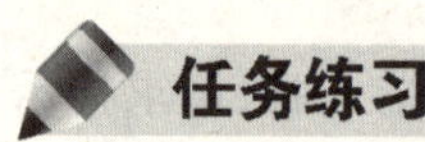

任务练习

走访当地旅游企业，分析旅游者走失事故的相关案例，以小组为单位，针对旅游者走失事故处理能力进行训练。

任务六 ● 旅游交通、治安、火灾事故的处理和预防

任务描述

在西藏318国道曲水段桃花村境内发生了一起重大旅游交通事故。一辆西藏博达旅大巴公司的金龙牌37座旅游大巴(内乘旅游者28人、司机1人、导游1人)在前往日喀则的途中，行驶至拉萨市曲水县境内，因司机强行超车，导致车辆坠入离路面80米的雅鲁藏布江，事故造成包括司机、导游在内的15人死亡，2人失踪，13人受伤。经拉萨市公安局交警支队鉴定，此次事故系江苏籍驾驶员范某某超速行驶、在超车过程中临危采取措施不当造成的，驾驶员负全部责任。事故发生后，经过多次协商，涉及事故的旅行社与遇难者的家属达成赔付协议，每位遇难者的家属获赔25万元。轻伤员在拉萨治

疗期间的费用和重伤员转往内地治疗的交通费和医疗费及遇难者赔偿金由西藏人保财险支付。

导游应如何应对路上发生的交通意外及其他事故呢?

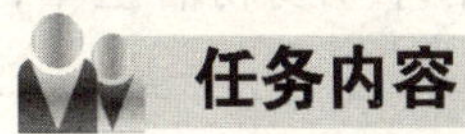

任务内容

一、交通事故处理和预防

交通事故在旅游活动中时有发生,不是导游人员所能预料、控制的。遇有交通事故发生,只要导游人员没负重伤,神智还清楚,就应立即采取措施,冷静、果断地处理,并做好善后工作。

(一)交通事故的处理

1. 组织人员,立即抢救

发生交通事故出现伤亡时,导游人员应立即组织现场人员迅速抢救受伤的旅游者,特别是抢救重伤者。如不能就地抢救,应立即将伤员送往距出事地点最近的医院抢救。

2. 保护现场,立即报案

交通事故发生后,要保护现场,尽快打交通事故报警电话,请求警方派人来现场调查处理,并防止肇事司机逃逸。

3. 立即报告,听取指示

导游人员应迅速向接待社领导报告交通事故的发生及旅游者伤亡情况,听取领导对下一步工作的指示。

4. 安抚旅游者,继续游览

交通事故发生后,导游人员应做好团内其他未在事故中受伤的旅游者的安抚工作,继续组织该团的参观游览活动。事故原因查清后,导游人员应向全团旅游者说明情况。

5. 写出报告,说明情况

交通事故处理结束后,导游人员要写出事故报告,内容包括:事故的原因和经过;抢救经过、治疗情况;事故责任及责任者的处理;旅游者的情绪及对处理的反映等。报告力求详细、准确。

(二)交通事故的预防

(1)导游人员在安排活动日程的时间上要留有余地,不催促司机,防止为抢时间赶日程而违章、超速行驶的情况发生。

(2)导游人员应阻止非本车司机开车。

(3)要提醒司机不要饮酒。如遇司机酒后开车,导游人员要立即阻止,并向旅行社汇报,请求改派其他车辆或调换司机。

(4)在雨、雪、雾天开车,在山道上行驶,导游人员要提醒司机谨慎驾驶。

(5)杜绝超载。汽车行驶途中,不得停车让无关人员上车,若有不明身份者拦车,提醒司机不要停车。

(三)旅游车故障情况的处理

(1)了解情况。

(2)采取果断措施。

如车辆处于边行边修状态,导游人员应果断换车或另行租车,先把旅游者送到旅游景点。如果第二天还未修好,就要与当地旅行社联系另行派车。

(3)完成当天旅游计划。

二、治安事故的处理和预防

(一)旅游治安事故

旅游治安事故是指在旅游活动中,遇到坏人行凶、诈骗、偷窃、抢劫等,导致旅游者身心及财物受到不同程度损害的事故。

(二)旅游治安事故的处理

1. 保护旅游者

导游人员应挺身而出保护旅游者,将当事旅游者转移到安全地点,力争追回钱物。

2. 立即报警

治安事故发生,导游人员应立即向当地公安部门报案并积极协助破案。报案时要实事求是地介绍事故发生的时间、地点、案情和经过,提供作案者的特征,受害者的姓名、性别、国籍、伤势及损失物品的名称、数量、型号、特征等。

3. 请示汇报

事故发生后,导游人员要及时向旅行社报告治安事故发生的情况并请求指示,情况严重时请领导前来指挥、处理。

4. 写出事故报告

导游人员应写出详细、准确的书面报告,除报案内容外,还应写明案件的性质、采取的应急措施、侦破情况、受害者和旅游团其他成员的情绪及有何反映、要求等。

5. 善后工作

导游人员应在领导指挥下,准备好必要的证明、资料,处理好善后事宜。

（三）治安事故的预防

（1）提醒旅游者不要将房号随便告诉陌生人；不要让陌生人或自称为酒店维修人员的人随便进入房间；出入房间锁好门，尤其是夜间不可贸然开门，以防止意外发生；不要与私人兑换外币等。

（2）住进酒店后，导游人员应建议旅游者将贵重财物存入酒店保险柜，不要随身携带或放在房间内。

（3）离开游览车时，导游人员要提醒旅游者不要将证件或贵重物品遗留在车内。旅游者下车后，导游人员要提醒司机锁好车门、关好车窗。

（4）在旅游活动中，导游人员要始终和旅游者在一起，注意观察周围的环境，经常清点人数。

（5）汽车行驶途中，不得停车让无关人员上车；若有不明身份者拦车，导游人员提醒司机不要停车。

（6）提醒旅游者提高防盗、防抢意识。

三、火灾事故的处理和预防

（一）火灾事故的处理

1. 立即报警

旅游者在酒店客房遇到发生火灾时，应立即打酒店总机，报告火灾位置。

火灾事故的处理

2. 迅速撤退

当获悉楼层失火，导游人员应迅速通知领队及全团旅游者，从楼层的太平门、消防通道撤退，不能使用电梯。

3. 引领自救

如果情况紧急，导游人员要提醒旅游者千万不要搭乘电梯或随意跳楼，并镇定地判断火情，引导大家自救：若身上着火，可就地打滚，或用厚重衣物压灭火苗；必须穿过浓烟时，用浸湿的衣物披裹身体，捂着口鼻，贴近地面顺墙爬行；大火封门无法逃出时，可用浸湿的衣物、被褥堵塞门缝或泼水降温，等待救援。

4. 紧急呼叫

摇动色彩鲜艳的衣物呼唤救援人员，救援人员前来抢救时，要服从命令。

5. 处理善后

旅游者得救后，导游人员应立即组织抢救受伤者；若有重伤者，应迅速送医院抢救；若有人死亡，按有关规定处理；采取各种措施稳定旅游者的情绪，解决因火灾造成的生活方面的困难，设法使旅游活动继续进行；协助旅行社处理好善后事宜。

6. 书面报告

火灾事故发生后，导游人员要以书面形式向旅行社做详细汇报。

（二）火灾事故的预防

在旅游活动中，为了防止火灾事故的发生，导游人员应提醒旅游者不携带易燃、易爆物品，不乱扔烟头和火种。向旅游者讲明交通运输部门的有关规定，不得在行李中夹带危险物品。

为了保证旅游者在火灾发生时能够尽快疏散，导游人员应：

（1）熟悉酒店楼层的太平门、安全出口、安全楼梯的位置及安全转移的路线，并告知旅游者。

（2）牢记火警电话，掌握领队和旅游者所住房间的号码。

任务练习

走访当地旅游企业，了解这些旅游企业曾发生过的旅游交通、治安、火灾事故相关案例，并针对这些案例的发生和处理过程进行分析，增强自己对此类事故的灵活处理能力。

____

____

____

任务七 ● 旅游者食物中毒及意外伤害事故的处理和预防

任务描述

导游人员小李带领一个旅游团队乘飞机来到某个海滨城市旅游，到达后马上被接到某个餐馆用晚餐。旅游者们大吃海鲜，大饱口福。餐后旅游者们直接赶赴下榻的酒店。小李分完房间，把分房名单拿到后，就向旅游者告别并进房休息了。后半夜总台服务人员打电话把小李叫醒，告诉他有几个旅游者突然感到腹痛，有的还伴有腹泻、呕吐等症状。小李赶紧起床前去查看。据小李分析，这可能是旅游者当晚食用了不新鲜的海鲜而导致的食物中毒。小李马上打电话给地接社和地陪。在地接社的安排下,旅游者被送往医院。由于抢救及时,没有发生更严重的后果。不过大部分旅游者已经元气大伤,后面的行程安排只得取消。

导游应如何应对食物中毒、骨折等意外事故?

 任务内容

一、食物中毒的处理和预防

(一)什么是食物中毒

食物中毒是指摄入了含有生物性、化学性有毒、有害物质的食品或者把有毒、有害物质当作食品摄入后出现的非传染性(不属于传染病)的急性、亚急性疾病。

(二)食物中毒的原因和症状

1. 食物中毒的原因

(1)食用了不新鲜、不干净的食物或腐败变质的过期食品。

(2)厨房工作人员处理食品时将生、熟食品混放,使熟食被生食上的细菌污染。

(3)食用了被农药等有毒化学物质污染的食品。

(4)食用了有毒的食物,如未处理好的河豚、发芽的马铃薯、毒蘑菇等。

2. 食物中毒的症状

(1)发病与特定的食物有关,一般吃了相同的致病食物,集体发病。

(2)潜伏期短,发病急,呈爆发性,通常在一两天内爆发。

(3)病人临床症状表现基本相似,如恶心、头晕、呕吐、腹泻、腹痛等。

(4)人与人之间无直接传染性。

(三)食物中毒的处理

1. 立即采取应急排毒措施

排毒措施:让患者多喝开水,稀释毒素,加速排毒;当患者感到恶心要呕吐时,采用催吐的方法,帮患者用筷子或手指触及咽部(压迫舌根法)引其呕吐,吐出导致中毒的食物。

2. 保留好证物

保留好可疑食物、呕吐物或排泄物,供化验使用。

3. 及时把中毒者送往医院

就餐后发现有旅游者出现头痛、头晕、恶心、呕吐等症状时，要及时将其送到医院抢救。

4. 请医院开具诊断证明

送医院救治时，导游人员要求医生为患者开具食物中毒的"诊断证明"，并写清楚中毒原因。

5. 食物抽样检验

若医院确诊为食物中毒，应立即通知卫生防疫部门对旅游者食用过的食物进行抽样检验。

6. 迅速报告旅行社

若医院确诊为食物中毒，应向旅行社本部的有关计调人员或主管经理汇报，通知中毒严重者的家属。

7. 追究供餐单位的法律责任

导游人员帮助了解、分析、掌握中毒的原因。向有关部门提供可靠的材料，追究供餐单位的法律责任。

(四)食物中毒的预防

(1)慎重对待每一餐。选择卫生条件好的餐馆就餐，严格执行在旅游定点餐厅就餐的规定。

(2)提醒旅游者注意饮食卫生。不吃摆摊的东西；不吃山上的野果；不食用未煮熟的食物、不新鲜的食物。

(3)不要食用可疑的食品。用餐时如果发现食品不卫生或有异味变质的情况，导游人员应立即要求换餐，并要求餐厅负责人出面道歉，必要时向旅行社领导汇报。

(4)一定要向旅游者讲清"水土"问题，当地人能吃的食物，外地人不一定能吃。

(5)注意饮水卫生。要多补充水分，但不要喝生水或不洁净的水。旅途中饮水以开水和消毒净化过的自来水最为理想，江、河、塘、湖里的水千万不能未经消毒净化就直接饮用。

(6)瓜果一定要洗净或去皮吃。瓜果除了受农药污染外，在采摘与销售过程中也会受到病菌或寄生虫的污染，吃瓜果时一定要洗净或去皮。

(7)学会鉴别饮食店卫生是否合格。合格的一般标准应是：有卫生许可证，有清洁的水源，有消毒设备，食品原料新鲜，无蚊蝇，有防尘设备，周围环境干净。

(8)远离"毒源"。远离河豚，毒蘑菇，未煮熟的扁豆、四季豆，鲜黄花菜，生豆浆，发芽的马铃薯等。

二、意外伤害事故的处理和预防

（一）什么是意外伤害

意外伤害是指旅游者在旅游活动期间由于外部原因身体受到伤害造成的事故，有跌伤、骨折、摔倒、溺水、碰撞、蜂蜇、空难、海难等。在旅游活动中，有些意外伤害是导游人员无法预防的，导游人员只有尽责任努力保护好旅游者，最主要的是做好安全提示。

（二）常见的意外伤害

滑倒和骨折是旅游活动中常见的意外伤害。

1. 滑倒

如旅游者在风景区游览时因路滑而滑倒；旅游者在酒店浴缸洗澡时穿着一次性拖鞋滑倒。

2. 骨折

如旅游者遭遇交通事故导致的骨折；在景区游览时因滑倒而造成的骨折。

（三）意外伤害的处理

1. 意外伤害的一般处理措施

(1)尽量保持镇静，打电话找人请求帮助。

(2)紧急处理。旅游者滑倒，导游人员要查看旅游者的伤势，看有无大碍；外伤骨折时，应进行骨折的紧急处置，防止断骨移位加重病情。

(3)尽快送医院。紧急处理后应尽快将旅游者送医院治疗，全陪应陪同到医院。

(4)迅速报告旅行社。若旅游者病情严重，应向旅行社计调人员或主管经理汇报，通知患者的家属。

(5)处理善后。医院诊断、治疗后再与有关单位商讨索赔，并写出书面报告。

2. 骨折的救治

(1)骨折的症状

受伤部位肿胀淤血，四肢骨折可见局部变形、活动困难。开放性骨折，其折断的骨骼会暴露在外，而闭合性骨折，痛处皮肤表面无伤口。

(2)骨折的处置

遇有旅游者骨折时，导游人员应该先在现场及时进行初步的处理，然后设法尽快将其送往医院救治。

①若是开放性骨折，首先将骨折的肢体抬高并进行止血。常用的止血方法有手压法，即用手指、手掌或拳头在伤口靠近心脏一侧压迫血管；加压包扎法，即在伤口处放上

厚敷料，用绷带加压包扎；止血带法，即用弹性止血带绑在靠近心脏一侧的大血管处。其次是包扎。包扎前最好先清洗伤口，包扎动作要轻柔，松紧要适度，绷带的结不要在伤口处。最后是上夹板。

②若是闭合性骨折，导游人员应该就地取材进行固定，如用厚纸板、木板、树枝代替夹板，再用布条固定。若右腿骨折，可将其固定在左腿上；若上肢骨折，可将其固定在胸部；若脊椎外伤骨折，可让患者平躺在木板上，固定后才能搬运送医院，以避免神经再次受伤的可能。

（四）意外伤害的预防

（1）导游人员在引导旅游者游览过程中，应具有高度防范意识，时刻提醒旅游者安全注意事项。

（2）提醒旅游者不适合自己的旅游项目不要参加。骑马、登山、潜水等项目要提醒旅游者量力而行；行程中或自由活动时，若有刺激性活动项目，身体状况不佳者请勿参加。患有高血压、心脏病、哮喘病者切忌从事水上、高空活动。

（3）提醒旅游者划船、游泳、潜水一定不能超越警戒线。不熟悉水性者，切勿独自下水，不要远离人群，应听从救生人员的指挥。搭乘快艇、漂流木筏，参加水上活动时，请按规定穿着救生衣。如果旅游者强行下水，要极力劝阻，劝阻无效的旅游者须签字为证。搭乘缆车时，请依序上下，并听从工作人员的指导。

（4）注意恶劣天气。地面湿滑或行走在雪地、陡峭山路时，要提醒旅游者小心谨慎，以免滑倒。

（5）提醒旅游者乘坐交通工具要注意遵守交通规则。搭乘飞机时，应注意飞行安全，扣好安全带；坐车、乘船不能超载，提醒司机行车（船）时要注意安全，不能超速行驶；搭车时请勿任意更换座位，头、手勿伸出窗外，上下车时请注意来车方向，以免发生危险。

（6）入住酒店要提醒旅游者注意楼层安全通道的位置，进出洗手间及洗澡时要小心防滑；留意不安全的隐患，如地毯接口也容易绊倒致伤。

（7）提醒带小孩的旅游者要照顾好自己的小孩。

任务练习

利用网络查找并分析旅游者意外伤害的相关案例，以小组为单位，针对旅游者骨折等意外伤害进行骨折处置的训练。

____

____

____

任务八 ● 旅游者证件、财物丢失的处理及预防

任务描述

小丽参加某旅行社组织的新马泰旅游团。出发前，旅行社召开说明会，会议主持人及领队提醒大家要注意自身安全，保管好自己的证件物品，入住酒店时贵重物品应存放在保险箱内（免费提供），并发给每人一份"出国旅游须知"。该旅游团11月2日入住泰国芭堤雅白宫酒店，3日早上小丽起床后发现她的护照和钱包里的人民币外币全部不见了，于是找领队报告情况。同学们，这个案例给了你们什么启发？如果你是导游，你应该如何处理呢？

任务内容

旅游度假期间，旅游者往往自由散漫、丢三落四，患上了所谓的"旅游病"。丢失物品是"旅游病"的一种反映，是比较常见的现象。如果丢失了证件、贵重财物，不仅给旅游者造成许多不便和烦恼，也给导游人员带来不少麻烦和困难。因此，在旅游期间，导游人员要多做提醒工作，提醒大家带好随身衣物和提包；在热闹、拥挤的场所或在购物时，提醒他们保管好钱包、提包和贵重物品，查看护照等证件是否在身边。这样做可有效地避免旅游者证件和财物丢失，也显示出导游人员对他们的关心。

证件，如护照、签证（集体签证）、旅行证、身份证等都是非常重要的证件，旅行时都必须随身携带。若不慎丢失证件，会遇到一系列麻烦，申请新证的手续复杂，要花很多时间，严重时会出不了境、回不了国。所以，旅游者和导游人员对证件都要予以高度的重视。

对旅游者的证件，导游人员的正确态度应是需要证件时随时收取（通过领队），用完后立即归还，不代为保管；旅游团离开本地前导游人员要认真清点自己的物品，检查是否还保存有旅游者的证件，随时提醒旅游者保管好自己的证件。

一、证件丢失的处理

人们外出旅游必须携带有效身份证件：身份证、护照、往来港澳通行证、往来台湾通行证等。旅游者一般随身携带证件，多数人又习惯于将证件放在腰包、手提包里。一旦发生证件丢失的事情，导游人员就应帮助寻找、补办证件，保证旅游者出境。

（一）丢失中华人民共和国居民身份证

由当地旅行社核实后开具证明，遗失者持证明到当地公安局报失，经核实后开具身份证明，机场安检人员核准放行。

（二）丢失中国护照和签证

华侨丢失护照，由当地接待旅行社开具证明，遗失者持遗失证明到省、自治区、直辖市公安局（厅）或授权的公安机关报失并申请新护照，持新护照去其侨居国驻华使、领馆办理入境签证手续。

（三）丢失往来港澳通行证

遗失者持当地接待旅行社的证明向遗失地的市、县公安部门报失，经查实后由公安机关的出入境管理部门签发一次性有效的中华人民共和国出境通行证，凭证返回香港、澳门。

（四）丢失往来台湾通行证

遗失者向遗失地的中国旅行社或户口管理部门或侨办报失，核实后发给一次性有效的入出境通行证。

（五）丢失外国护照和签证

外国旅游者在华丢失护照和签证时，由当地接待旅行社开具证明，遗失者持证明去当地公安局报案；然后持公安局的证明去所在国驻华使、领馆申请新护照；领到新护照后还要去公安局办理签证手续。

（六）丢失团体签证的处理

（1）帮助寻找，确认丢失后由接待社开具团体签证遗失证明。

（2）备齐相关材料：

①原团体签证的复印件。

②按原团体签证格式重新打印旅游团的名单。

③全团旅游者的护照。

④填写申请表，到公安局补办。

二、证件丢失的预防

1. 出境游证件的保管

(1)时刻提醒旅游者将证件保管好。

(2)分发护照要签字。

(3)护照应备复印件。

2. 国内游证件的保管

(1)需要证件时由导游人员收上来,用完归还旅游者。旅游团离开时,导游人员要检查自己的行李,若保存有旅游者的证件原件,应立即归还。

(2)不代为保管证件。导游人员不保管旅游者的证件,旅游者的证件应由旅游者自己保管。

(3)时刻提醒旅游者保管好自己的证件。

三、财物丢失的处理

旅游者的财物丢失或被盗,导游人员要设法寻找;确认找不到后再予以正确处理。

(一)景区或购物时丢失钱包

(1)了解失物相关信息和失窃经过。

(2)在可能的时间和地点,帮助寻找。

(3)安慰失主并提供可能的帮助。

(二)丢失贵重物品

(1)向警务部门和保险公司报案。

(2)持接待社的证明到警局开失窃证明书。

(3)需复带出境的或已投保的物品,到警务部门开遗失证明,以备出海关查验或向保险公司索赔。

(4)安慰失主并提供可能的帮助。

(三)物品遗忘在酒店的处理

1. 遗忘在上一站酒店

(1)了解遗失物的相关信息。

(2)与上一站酒店前台联系,请求帮助。

(3)联系方式留给酒店,便于转交物品。

(4)没找到物品,要报告旅行社。

2. 到机场后想起遗忘在下榻酒店的物品

(1)联系酒店前台查找。

(2)如找到,请酒店派人送到机场,费用由遗失者承担;如没找到,要安慰旅游者。

(四)丢失机票

1. 出境游

(1)到警局填写丢失申请证明书。

(2)告知购买机票的旅行社名称。

(3)向航空公司售票处申请补发机票。

2. 国内游

(1)报告旅行社,请求帮助。

(2)必要时重新购买机票。

四、预防财物的丢失

导游人员要不厌其烦地反复提醒旅游者保管好自己的财物,这是防止物品遗失或失窃的最有效方法。

(一)下车前——提醒携带

到景点下旅游车时,导游人员提醒旅游者不要将贵重物品遗留在旅游车上;在参观游览时,随时提醒旅游者带好随身物品;在热闹、拥挤的场所以及在商场购物时,要一再提醒旅游者保管好自己的钱包和物品;用餐后离开餐厅时,提醒旅游者带好随身物品。

(二)入住酒店——保险箱

入住酒店时,导游人员提醒旅游者不要随身携带贵重物品和大量现金,更不要将其放在客房内,最好放在酒店为旅客准备的保险柜内。离开酒店时,提醒旅游者取出存放在保险柜内的物品。

(三)离开酒店——随身携带

结束游览活动离开酒店时,导游人员要多次提醒旅游者检查自己的证件、财物,不要遗忘任何物品;到机场、车站时,导游人员要提醒旅游者带好随身物品;旅游者下车后,导游人员要检查车厢,发现旅游者的物品,应立即交还。

任务练习

利用网络查找并分析旅游者财物丢失的相关案例，以小组为单位，针对旅游者财物丢失情况进行导游人员处理的训练，提高灵活处理问题能力和应变技巧。

任务九 ● 旅游者患病、死亡的处理和预防

任务描述

某旅行社组织“暑假亲子团双飞北京 5 日游”，当天晚上入住酒店时，全陪发现一位女士脸色较差，该旅游者说今天很早起床乘早班飞机，没休息好。22:00 时，全陪去巡房时，发现该旅游者发烧，腹痛难忍。于是，全陪立即乘出租车带她去医院就诊。诊断结果：急性阑尾炎，需留院观察。全陪马上为其办理手续，陪该旅游者输液、上洗手间等，折腾了一夜，第二天一大早又准时回到酒店，照顾该旅游者 7 岁的儿子并带团去游览。一连几天晚上，全陪把其他旅游者送回酒店后又立即赶去医院看望患者，患者非常感动。经过几天的治疗，患者病情有好转（无须动手术），并随团按时返回原地。

如果你是全陪，会如何处理旅游者生病的事件？

晕机处理

任务内容

一、旅游者患病与死亡的原因

（一）旅游者患病的原因

（1）旅游者经过长途旅行奔波，在旅途中因劳累而患病。

（2）异地水土不服。

(3)年老体弱,较难适应旅行生活。

(4)旅游期间旅游者发生突发病。

(5)因意外发生的旅游安全事故导致旅游者生病。

(二)旅游者死亡的原因

(1)旅游者突发急病或急性传染病,如患急性黄疸肝炎。

(2)旅游者旧病复发。

(3)长时间乘飞机、汽车,导致旅游患者患严重性肺动脉栓塞。

(4)交通、治安、灾难事故。

二、旅游者患病与死亡的处理

(一)一般疾病的处理

1. 中暑晕倒的处理

(1)导游应请其他人协助把中暑者抬到阴凉通风的地方平躺,解开衣扣、放松裤带。

(2)让其饮用含盐饮料。

(3)若旅游团中有医务人员,请其掐中暑者人中、合谷等穴位,如没有缓解,应送往医院治疗。

2. 晕机(车、船)的处理

(1)应立即让患者勒紧裤腰带,以防内脏震动加重病情。

(2)长途旅行中提醒他们服用自备药。

(3)尽量照顾他们坐在车的前、中部较平稳的座位。

3. 高原反应的处理

导游应及早提示旅游者准备氧气袋应急,一旦出现高原反应及时为其接上氧气袋。

4. 其他疾病的处理

(1)导游觉察到有旅游者患病时,要劝其尽早去医院看病,如有需要,应陪同前往,但费用应由旅游者自理。

(2)旅游者身体感到不适,导游应请其留在酒店内休息并安排好用餐。

5. 导游人员严禁擅自给患病者用药

严禁导游人员擅自将自己的药品给患者用,也不要建议患者使用什么药。告知患者看病费用由其自理。

(二)突患重病的处理

1. 在旅游途中

(1)导游应采取措施就地抢救,应请求机组人员(列车员或船员)寻找医生,并通知下一站急救中心和旅行社准备抢救。

(2)如果乘旅游车在前往景点途中突患重病,导游人员必须立即将其送往就近的医院,并通知旅行社请求协助。

(3)若旅游者病危,领队应及时通知患者家属,家属来了之后费用自理。

(4)在抢救过程中,领队及患者家属必须在场,如果签字由领队或患者家属签字,地接社应派人探望并处理。

(5)患者脱险后仍需住院治疗的,组团社应做好善后工作。

(6)导游人员应该安排好其他旅游者的活动,全陪应该继续随团旅游。

(7)患病旅游者的住院及医疗费用自理,住院期间旅游者未享受的旅游服务费在旅行社之间结算清楚后退给本人。

2. 在旅游景区

(1)心脏病猝发

①旅游者心脏病猝发时,切忌直接将患者抱着或背着上医院,而应让其就地平躺,头略垫高,让患者亲友或领队或其他旅游者在患者口袋中找药物让其服用。

②同时,迅速拨打120叫救护车,待病情稳定后送医院治疗。

(2)突然昏厥

①血管性昏厥。让患者头低脚高平卧,同时解开患者的领口和腰带;若在室内,打开窗户,使空气流通,患者休息一会则会恢复。

②低血糖性昏厥。一般是由于旅行中饮食不均,加上游玩中劳累,未及时补充食物和水,使血糖过低而昏厥。这时,可以补充一些高糖食品,能较快回复正常;如突然晕倒,不要随便搬动,观察患者是否有呼吸和心跳,如呼吸、心跳正常,轻拍患者并大声呼叫,若无反应说明病情很严重,应使其头部偏向一侧并稍放低,再采取相应急救措施。

(3)蝎、蜂蜇伤及蛇咬伤。导游应设法找出毒刺,将毒汁吸出,严重者送医院抢救。

(三)死亡的处理

(1)出现旅游者死亡时,导游人员立即向当地接待社报告,由旅行社派人来处理。

(2)导游人员须安慰其他旅游者的情绪并继续做好接待工作。

(3)如果死者亲属不在场,旅行社应设法通知其亲属速来处理后事。

(4)由参加抢救的医生向死者的家属、领队详细报告抢救过程,并由医院开具死亡证明,并交旅行社和死亡者亲属。

(5)需要解剖尸体的,需由死者的家属或领队书面申请,医院同意,并办理公证书。

(6)由死者的家属或领队、旅行社代表共同清点死者遗物并开列清单分别保存,遗书要拍照存查，防止中途发生涂改。

(7)如属非责任事故死亡，一切费用由死亡亲属负责(保险费另计)。

(8)如有必要，领队可以向全团宣布对死者的抢救过程。

(9)死者如非正常死亡，导游人员应保护好现场，及时报警并由当地公安机关和地接社共同处理。

(10)遗体的处理一般以在当地火化为宜。

三、患病的预防

(一)了解旅游者的情况

导游从接团的第一天起，就应了解该团旅游者的全面情况，包括年龄构成、特殊要求等。

(二)关心问候

(1)时时关心、问候旅游者，乘车时注意车内温度，留意是否有旅游者晕机(车、船)。

(2)发现有旅游者身体不适时，应关心问候是否要送医院，全陪或领队要走在最后照顾年老体弱、行动缓慢的旅游者。

(三)合理安排游览活动

根据该团实际情况，参观游览时要照顾到年老体弱者，活动安排要留有余地，做到劳逸结合。活动节奏不要太快，晚上活动安排时间不宜过长。

(四)做好提醒工作

导游人员多做提醒的工作，根据天气预报提醒旅游者增减衣物、携带雨具等，提醒旅游者注意饮食卫生，天气干燥时应提醒旅游者多喝水。

任务练习

美国旅游团一行15人按计划5月3日由A市飞往B市，5月7日离境。在从A市飞往B市途中，团内一位老人心脏病复发，其夫人手足无措。该团抵达B市后，老人马上被送往医院，经抢救脱离危险，但仍需住院治疗。老人在半个月痊愈后返美。

试分析本案例中老人患病的原因以及导游应如何正确处理。

任务十 ● 旅游者越轨言行的处理和预防

任务描述

越轨行为指违反重要的社会规范的行为，亦称离轨行为或偏离行为。

如果你是导游，在带团时遇到旅游者有越轨行为，你会如何处理？

任务内容

一、旅游者越轨行为

越轨行为一般是指旅游者侵犯一个主权国家的法规和世界公认的国际准则的行为。外国旅游者在中国境内必须遵守中国的法律，若犯法，同样要受到中国法律的惩处。

二、对攻击和污蔑言论的处理

由于社会制度的不同、政治观点的差异，外国旅游者可能对中国的方针政策及国情有误解或不理解，在一些问题上存在认识分歧。因此，导游人员要积极地宣传中国，认真回答旅游者的问题，友好地介绍我国的国情，阐明我方对某些问题的立场、观点。

但是，若有外国旅游者站在敌对立场上对我国进行攻击和污蔑时，导游人员要严正驳斥，驳斥时要理直气壮、观点鲜明、立场坚定，必要时报告有关部门，查明后严肃处理。

三、对违法行为的处理

（一）对初犯者处理

社会制度和传统习惯的不同，导致各个国家的法律不完全一样。对因缺乏了解中国的法律和传统习惯而做出违法行为的外国旅游者，导游人员要讲清道理，指出错误，并报告有关部门，根据其情节适当处理。

（二）对明知故犯者处理

导游人员要提出警告，配合有关部门严肃处理，对情节严重者应绳之以法。

（三）对与中国人不正常交往行为的处理

外国旅游者中若有人从事窃取我国的军事机密和经济情报，走私，贩毒，偷盗文物，倒卖金银，套购外汇，贩卖黄色书刊、录音带、录像带、激光视盘，嫖娼，卖淫等犯罪活动，一旦发现，应立即上报公安机关，并配合司法部门查明罪责，严肃处理。

四、对散发宗教宣传品行为的处理

（一）宣传中国宗教政策

旅游者在旅游地散发宗教宣传品，或主持宗教活动，或进行布道活动，导游应劝阻，并指出未经我国宗教团体邀请和允许，不得在我国进行上述活动。

（二）注意政策界限

对不听劝告并有明显破坏活动者应立即报告，由司法、公安等有关部门处理。

五、对违法行为的处理

（一）对酗酒闹事者的处理

对酗酒闹事者应先规劝，指明后果。不听劝告、扰乱社会秩序、造成人身和物质损失的肇事者，必须承担一切后果，直至承担法律责任。

（二）对异性越轨行为的处理

当异性旅游者对导游行为不轨时，导游应对其劝阻，对不听劝阻者应严正指出问题的严重性，必要时应采取果断措施。

六、旅游者越轨言行的预防

（一）介绍中国的有关法律

《中华人民共和国海关法》《文物保护法》等都是涉及旅游者的法律、法规，必须遵照执行。

（二）多做提醒工作

导游人员多做提醒工作，以免个别旅游者在无意中做出越轨、犯法行为。导游人员要以团结朋友，增进友谊，维护国家的主权和尊严分准则开展工作。

（三）制止有意越轨者

导游人员要有针对性地提醒和警告，尽量劝阻与制止越轨行为，制止无效时应立即汇报给有关部门。

任务练习

某国际旅行社导游人员陪同一个美国实业家旅游团赴海南考察旅游，其间，有几位美国旅游者对我国的外交政策很感兴趣。一天，一位旅游者问导游人员："中国属于发展中国家，在和世界经济强国交往时，贵国政府会不会出于某种原因，例如引进资金、技术等的需要，而做出影响国家主权的事情？你们的外交政策，究竟包括哪些内容？"针对美国旅游者的提问，导游人员思考了一下，回答说："中国虽然是发展中国家，但绝不会由于某种原因而做出丧失国家主权的事情。我们奉行的是独立自主的和平外交政策，主要内容有：我们坚持以和平共处五项原则来处理国与国之间的关系，加强同第三世界国家的团结与合作，等等。"

问：此事故属于什么事故？案例中导游应对得是否恰当？如不恰当，应如何应对？

____

____

____

知识拓展

旅行性精神病

1. 症状：由于长时间旅行，尤其人多拥挤，心理烦躁加上疲劳、紧张等因素共同诱发的旅行性精神障碍，就叫旅行性精神病。发病后，病人可能对周围环境和陌生人感到胆怯和不安，全身发抖，神情沮丧；部分患者还会有哭诉、撒钱、撕钱和烧钱等行为发生；个别人还会产生幻觉，出现跳车甚至伤人或自伤的情况。

2. 特点:旅行性精神病具有一定的传染性,一位旅游者产生精神病的意念后,只要反复对周围的其他旅行者念叨,而周围的旅游者不能控制自己,就会跟着发病。如果病人有过激行为,往往容易造成严重后果。

3. 预防:尽量减少长途旅行,每乘车两个小时安排一下休息;旅游者座位不要安排得太紧;勤打扫车内卫生;尽量保持旅游者睡眠充足。

4. 处理:导游人员要注意观察,一旦发现某位旅游者有发病前兆,应及时调整旅游者座位,改变旅游者周边环境;当旅游者发病后,导游首先应保护其他旅游者和病人的生命、财产安全;必要时可以将病人制伏,及时送医院治疗。

项目八

旅游者个别要求的处理

学习目标

1. 熟悉旅游者个别要求的具体内容；了解处理旅游者个别要求的基本原则。

2. 能把处理方法在案例实践操作中理解与运用。

3. 在理论和实践操作中体验导游工作的多变性和复杂性，领悟服务的真谛，培养服务意识和灵活多变的能力，激发学习兴趣和工作热情。

任务一 ● 处理旅游者个别要求的基本原则

任务描述

导游带团过程中，每天每团的旅游者都是不一样的，因此，旅游者的需求也是千变万化的。导游在应对旅游者形形色色的要求时，应遵循什么样的原则去处理呢？

任务内容

旅游活动的内容十分丰富，通常包括食、住、行、游、购、娱等几大要素，旅游合同是指旅游者和提供旅游服务方之间订立的明确双方在特定的旅游活动中权利义务的协议。它是一种法律契约,旅游者和提供旅游服务方均要遵守。

旅游者来自四面八方,需求多种多样,难免会提出超出旅游接待计划外的要求。这些特殊的要求中,有些是合理又能满足的,有些是合理却无法满足的,还有些是不合理的。怎样使大多数的旅游者对导游的服务满意,这确实是对导游工作的考验和挑战。

一、旅游者的个别要求

旅游者的个别要求是指在旅游团到达旅游目的地后的旅游过程中,个别旅游者或少数旅游者因旅游生活上的特殊需要临时提出各种计划外的要求。

对于旅游者的一般性要求,导游人员可按规范化服务程序办事。对旅游者的个别要求,导游人员该如何处理,这是衡量导游人员服务水平的一个重要方面,也是提高导游服务质量的重要途径。实现导游优质服务的途径是“规范化服务 + 个性化服务”。

二、处理旅游者个别要求的基本原则

(一)“宾客至上”的原则

“宾客至上”并不意味着满足旅游者的所有要求。而是把旅游者放在首位,了解旅游者的诉求,理解旅游者的真正需求,提供有针对性的服务。这是处理旅游者个别要求的出发点。

(二)“合理而可能”的原则

“合理”即符合国情、法规,符合旅游合同及旅行社有关规定和导游人员纪律等;“可能”则是指导游人员有条件、有能力办到的。导游人员应冷静仔细地分析旅游者的各种意见和要求,当旅游者提出的要求既合理又能办到,导游人员就要设法给予满足。

(三)“认真倾听、耐心解释”的原则

旅游者对旅游活动通常有求全心理和过高期望,有些要求虽然合理但过于苛刻;有些要求看似合理但旅游合同上没有规定这类服务,或在国内或本地区目前还无法提供这类服务;有些要求本身就不合理;还有些人出于某种心态,对活动安排及导游人员的工作百般挑剔指责。

导游人员要尊重旅游者的情绪,不要没有听完就指责旅游者的要求不合理或胡乱解释,甚至表示反感,以免激化旅游者的情绪。导游人员正确的做法是:认真倾听,冷静分析旅游者的真实需求,适当回应,安抚旅游者的情绪;耐心解释,对合理的但不可能办到的事,要耐心、实事求是地进行解释,寻求旅游者的理解,不要以“办不到”一口回绝。

（四）“沉着冷静、不卑不亢”的原则

对不合理的要求，导游人员要遵循“沉着冷静、不卑不亢”的原则。一般情况下，不与其争吵，更不能与其正面冲突，以免影响旅游活动，造成不良影响。对无理取闹者，导游人员仍要继续热情为其服务。

若个别旅游者的无理取闹影响了旅游团的正常活动，导游人员可请领队协助出面解决，或直接面对全体旅游者，请他们主持公道，如仍不能解决，导游人员应向领导汇报，请其协助。

任务练习

导游小陈带领来自美国的旅游团在厦门游览，美丽的景色令人流连忘返，一路上小陈与旅游者的相处也十分愉快。每餐的中国菜肴十分丰盛，且每道菜没有重复。但一日晚餐过后，一名旅游者对小陈说：“你们的中国菜很好吃，我每次都吃得很多，不过今天我的肚子有点‘想家’了，你要是吃多了我们的面包和黄油，是不是也想中国的大米饭？”旁边的旅游者也笑了起来。虽说是一句半开玩笑的话，却让小陈深思。晚上，小陈与旅行社联系，说明了旅游者的情况，调整了次日的饮食安排。第二天，当旅游者发现吃西餐时，个个兴奋地鼓掌。请分析：导游小陈遵循了什么基本原则成功处理了旅游者的个别要求？

____

____

____

任务二 ● 餐饮方面个别要求的处理

任务描述

由于宗教信仰、饮食习惯、身体因素等多种原因会导致人们对饮食有不同的要求，面对旅游者的这些饮食要求，你作为导游应如何处理？

任务内容

俗语“民以食为天”“一方水土养一方人”，跨国界、跨地区的旅游者对餐饮的要求各不相同，因餐饮问题引起的旅游者投诉屡见不鲜。因此，处理好旅游者餐饮的个别要求尤其重要。

一、特殊饮食的要求

旅游者来自不同国家、地区，宗教信仰、民族习俗、生活习惯、身体状况等各不相同。饮食习俗也各有差异，旅行者有时会在饮食方面提出种种特殊要求，例如不吃荤，不吃油腻、辛辣食品，不吃猪肉、羊肉或其他肉食，甚至不吃盐、糖，不吃面食等。

(一)协议书上规定的:不折不扣予以满足

旅游者的特殊饮食要求若在旅游协议书上有明文规定，或在旅游团(者)抵达前提出，接待方答应了，那就应早做准备，落实具体事宜，尽量满足个别旅游者的特殊饮食要求。

(二)抵达后提出的:积极协助解决

协议书上并未规定，旅游团抵达后有人提出特殊的饮食要求时，需视情况而定：一般是由导游人员与有关餐馆联系，在可能的情况下尽量予以满足；确有困难时，地陪可协助其解决，例如建议旅游者到零点餐厅自己点菜，或带旅游者到附近餐馆(最好是旅游定点餐馆)用餐，或购买相应的糕点，但应事先说明费用自理。

二、要求换餐

如旅游者要求将中餐换成西餐、将便餐换成风味餐、更换用餐地点、改变餐饮档次规格等。导游人员要看是否有充足的时间换餐。如果旅游团在用餐前 3 个小时提出换餐的要求，地陪应尽量与餐厅联系，满足旅游者的要求。如果在接近用餐时间时旅游者提出换餐要求，按规定无法接受要求，但导游人员要做好解释工作。如果旅游者仍坚持换餐，导游人员可建议他们自己点菜，费用自理，原餐费不退。有时旅游者用餐时要求加菜、加饮料，可以满足其要求，但要说明费用自理。

对换餐的处理

三、要求单独用餐

由于旅游团的内部矛盾或其他原因，个别旅游者要求单独用餐。导游人员要耐心解释旅游团用餐的相关规定，并告诉领队，请其调解。如果旅游者坚持，导游人员可协助与餐厅联系，满足其单独用餐要求，但餐费自理，并告知原餐费不退。若是由于旅游者外出自由活动、访友、疲劳等原因不随团用餐，导游人员应同意其要求，但要说明餐费不退。

四、要求提供客房内用餐服务

若旅游者生病，导游人员或酒店服务人员应主动将饭菜端进客房以示关怀。如果健康的旅游者要求提供客房用餐服务，导游人员要与餐厅联系，若有此项服务，可满足其要求，但应告知服务费和可能的餐费差价由旅游者自理。

五、要求自费品尝风味

旅游团要求外出自费品尝风味，导游人员应予以协助，可由旅行社出面，也可由旅游者自行与有关餐厅联系订餐；风味餐订妥后旅游团又改变主意不去用餐，导游人员应向其说明若不去用餐须赔偿餐厅的损失，劝他们如约前往餐厅。

六、要求提早或推迟用餐时间

由于旅游者的生活习惯或旅游活动的安排等原因，旅游者要求提早或推迟用餐时间。导游人员可与餐厅联系，视餐厅的具体情况处理。一般情况下，导游人员要向旅游团说明餐厅有固定的用餐时间，劝其入乡随俗，过时用餐须另付服务费。若餐厅不提供过时服务，最好按时就餐。

任务练习

地陪小王接待某旅游团，在厦门宾馆用第一餐时，按照旅游协议书规定，给旅游者上菜是八菜一汤。这时，有两个旅游者提出，他们是穆斯林，不吃猪肉，要求小王为其另外安排，并说早在报名参加时就提出这项特殊要求。

请问：地陪小王该如何处理这两位旅游者的餐饮要求？

____

____

____

任务三 ● 住宿方面个别要求的处理

任务描述

旅游者在入住酒店后,会因酒店的等级、设施设备、卫生条件、生活习惯等而提出个别的要求,针对旅游者的这些住宿要求,导游应如何处理?

任务内容

对于旅游者在住宿方面的个别要求,导游人员主要根据是否符合旅游协议书中规定、是否是合理而可能的要求,尽可能满足旅游者的需求。要注意提醒费用的问题,注意耐心,保持不卑不亢的态度。

一、要求调换酒店

旅游者提出调换酒店,导游人员应问清原因。

如果接待社未按协议安排酒店或协议中的酒店确实存在卫生、安全等不合格问题,地陪应根据协议规定,负责予以调换;如确有困难,按照接待社提出的具体办法,说明理由,耐心解释,妥善解决,提出补偿条件。

二、要求调换房间

(一)卫生条件太差

如果住房内发现臭虫、跳蚤、蟑螂和老鼠等,证明这里的卫生条件太差,若旅游者要求换房,应满足其要求,必要时还应调换酒店。

对换房的处理

(二)设施、卫生方面有缺陷

如果客房内设施缺损、卫生间的消毒不合标准、房间没有打扫干净,地陪应让酒店服务员立即修理设施,重新消毒、打扫房间;如果旅游者还不满意,地陪要与酒店有关部门联系,妥善解决。

（三）对楼层、房间朝向不满

旅游者对所在楼层或房间朝向不满意，地陪一般应请领队或全陪在内部调整；也可与酒店有关部门联系，若有空房，酌情予以满足。若有困难无法满足时，应做耐心解释，并向旅游者致歉。

有些位于风景区的酒店，不同朝向的客房费用也不同，如有旅游者要求调换朝向不同的房间，地陪应讲明价格差异等情况。

三、要求住更高标准的客房

（一）要求住同一酒店中高于合同标准的客房

旅游者希望住同一酒店中高于合同规定标准的客房，地陪要与酒店联系，若有空房，可以满足，但应事先讲明，客房差价由旅游者自理。若酒店没有旅游者要求的客房，地陪要解释清楚并请其谅解。

（二）要求住更高星级的酒店

旅游者要求住高于合同规定星级的酒店，地陪可与旅游者要求住的酒店联系，若有空房，可予以满足，但必须说明房费差价和原定酒店的损失费由旅游者自理。

四、要求住单间

由于某种原因（例如习惯于独自休息），已付双人间房费的旅游者提出住单间要求，地陪应与酒店联系。如有空房，予以满足，并说明房费差价由旅游者自理。住同一房间的旅游者因互有意见或生活起居习惯不同而要求与他人合住或住单间时，导游人员应先请领队调解或内部调整，若调解不成，酒店如有空房，可满足其要求。但导游人员必须事先说明，房费由旅游者自理（一般由提出方付房费）。

五、要求购买房中物品

旅游者相中所住客房中的摆设或物品，不能自行取走。但可以购买，旅游者要求购买时，导游人员应与酒店联系，尽可能满足其要求。

六、要求延长住店时间

旅游者由于某种原因要求延长住店时间，导游人员应与酒店联系，若有空房，满足其要求;若没有空房,可协助旅游者与其他酒店联系,但要向旅游者讲清散客的住房费是高于团队的。

2014 年五·一劳动节期间,地陪小高迎接来自上海的某旅游团队至厦门某酒店,在办理入住手续时,地陪小高才被告知:由于时值旅游旺季,原定的全部标准双人房被部分的三人房取代,被分到三人房的旅游者均不愿意入住。

地陪小高该怎样做才能让旅游者满意呢?

任务四 ● 文娱活动方面个别要求的处理

一方水土养一方人,在这方水土的滋润下,孕育着具有本地区特色的文化。受该地区文化影响,一些文娱活动具有鲜明的地域特色,这也成为吸引旅游者的旅游元素。导游应如何处理旅游者提出的文娱活动方面的要求?

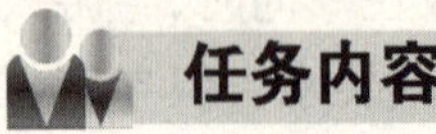

娱乐活动,旅游者各有所好,不应强求统一。旅游者在娱乐活动方面提出的要求,导游人员应本着"合理而可能"的原则,视具体情况,妥善处理。

一、计划内的文娱活动

旅游协议书中一般会有明文规定旅游团在每地的娱乐活动安排。凡是计划内的文娱活动,接待社的具体安排一经确定,地陪应遵照执行,准时带团前往观看演出。

如果旅游者提出修改,应视具体情况,合理处理。

(一)全团提出更换文娱活动要求

旅游团一致要求更换文娱活动时,地陪应与旅行社有关部门联系,尽可能调换。但在办妥之前,不要轻易许诺;若无法调换,地陪要向旅游者解释,实事求是地说明不能满足要求的原因,请其谅解。

(二)部分旅游者提出更换文娱活动要求

部分旅游者要求更换文娱活动,导游人员可予以协助,联系购票但应说明费用(门票费、车费)自理,原票款不退。

(三)分路活动

如果旅游者商定分路参加娱乐活动,地陪应尽可能提供方便。例如,两处活动地点在同一路线,而且时间相差无几,地陪要与司机商量,将一部分人送到活动地点后再送另一部分人;若不顺路,旅游车应保证送旅游者去计划内的活动场所,但地陪应协助提出要求的一方安排车辆,并事先说明车费自理。

(四)个别人要求中途退场

导游人员应劝说旅游者考虑影响,做旅游者的安抚工作或介绍剧情帮助旅游者理解演出内容,尽量不影响其他旅游者。如旅游者坚持要退场,可予以安排,让其自费坐车返回。

二、计划外的娱乐活动

旅游者要求自费参加娱乐活动,导游人员一般应予以协助,帮助买票、联系、叫车等,通常不陪同前往。如果旅游者要求去大型娱乐场所或情况复杂的场所,导游人员须提醒旅游者注意安全。

三、要求去不健康的娱乐场所

旅游者要求去不健康的娱乐场所和过不正常的夜生活时,导游人员要断然拒绝并礼貌介绍中国的道德观念和文化传统,严肃指出这种行为在中国是禁止的,是违法行为。

任务练习

某旅游团在广西桂林旅游,按计划上午游览漓江风光,下午自由活动,19:30 时观看文艺演出。部分旅游者获知当天适逢当地民族节庆活动,晚上是通宵篝火晚会并有歌舞等精彩文艺节目,旅游者要求下午去观赏民族节庆活动,晚上放弃计划中的观看文艺演出而参加篝火晚会,并希望地陪派车接送。

地陪该如何妥善处理旅游者的要求呢?

___

___

___

任务五 ● 购物方面个别要求的处理

任务描述

《中华人民共和国旅游法》第三十五条规定:旅行社不得以不合理的低价组织旅游活动,诱骗旅游者,并通过安排购物或者另行付费旅游项目获取回扣等不正当利益。

旅行社组织、接待旅游者,不得指定具体购物场所,不得安排另行付费旅游项目。但是,经双方协商一致或者旅游者要求,且不影响其他旅游者行程安排的除外。

作为导游应该如何依法安排好旅游者的购物需求?

任务内容

商品和旅游纪念品的开发、生产和销售是发展旅游业的重要组成部分,各国、各地对此都非常重视,并将其视作争夺旅游者的魅力因素和增加旅游收入的重要手段。导游人员要正确处理旅游者购物方面的要求,尽力做到既要推销商品,又要让旅游者购物满意。

一、要求增加购物时间

旅游协议书中明确规定了旅游团在一地的购物次数和时间,地陪必须遵照执行。如果旅游者希望购买更多的纪念品,要求增加购物次数和时间,地陪要与领队或全陪及全团旅游者商量,征得他们的同意后,尽可能满足旅游者的要求。

二、要求单独外出购物

旅游者要求单独外出购物，地陪要予以协助并当好参谋，在适当情况下可陪同前往，如不能陪同，应为旅游者指引路线，为旅游者安排出租车并写中文便条（写明商场名称、地址，酒店名称等）让其带上，提醒他们不要回来得太晚，注意安全。

对单独外出的处理

旅游团离开本地前，应劝阻旅游者外出购物。

三、要求再去商店购买相中的商品

旅游者曾在商店相中一件物品，但因某种原因当时没有买，后又决定购买，要求导游人员帮助。只要时间许可，导游人员应尽力帮助安排，写一便条（上写商品名称，请售货人员协助之类的内容）让其携带；导游人员若有空，也可陪同前往。

四、要求退换商品

旅游者购物后发现有质量问题、计价有误或对物品不满意，要求导游人员帮其退换时，导游人员应积极协助，必要时陪同前往。

五、要求购买古玩和仿古艺术品

旅游者要求购买古玩和仿古艺术品，导游人员应予以重视并向他们讲清有关规定。

（一）劝阻旅游者不要去地摊购物

地陪在酒店或旅游车上要向旅游者讲明：若希望购买古玩和仿古艺术品，应去正式的商场或文物商店，劝他们不要去地摊购买，以免上当受骗。

（二）建议保存发票和火漆印

旅游者在商店购买了古玩和仿古艺术品，导游人员要建议他们保存好发票，告诉他们在离境之前不要去掉火漆印，因为古玩和仿古艺术品在中国海关凭正式发票和火漆印才会放行，若没有正式发票和火漆印，古玩和仿古艺术品一概不准出境。

（三）阻止文物走私

导游人员若发现个别旅游者有走私文物的可疑行为，必须及时报告有关部门。

六、要求购买中药材、中成药

外国旅游者想购买中药材、中成药时，导游人员应告知我国海关的规定：旅游者携带中药材、中成药出境，前往国外的总值限人民币 300 元，前往港澳地区的总值限人民币 150 元。价格均以境内法定商业发票所列价格为准。入境旅游者出境时携带用外汇购买的、数量合理的自用中药材、中成药，海关查验凭盖有国家外汇管理局统一制发的“外汇购买专用章”的发货票放行。超出自用合理数量范围的，不准带出。麝香不准带出境，严禁携带犀牛角和虎骨出入境。

七、要求代为托运物品

旅游者购买了大件商品，要求办理托运手续，导游人员可告知旅游者大商场一般都代办托运业务，购物后当场即可办理。若商场无此业务，导游人员就要协助旅游者办理托运手续。

旅游者想要购买的商品无货时，要求导游人员帮助购买并托运，导游人员一般应婉言拒绝，实在推脱不掉时，要请示领导，经批准后方可接受委托。委托手续要完备，收取足够的钱款，购物、托运后，导游人员要将购物发票、托运单和托运费收据寄给委托人，旅行社保存复印件以备查验。

任务练习

地陪小陈接待一个台湾旅游团在厦门游玩。下午参观完南普陀寺后，小陈为大家介绍福建漆线雕，并带领旅游团去好友所开的漆线雕工艺品店购物。一位女旅游者对标价为 5 000 元的漆线雕产生兴趣。小陈立即热情介绍，并为其讨价还价，终以 1 000 元成交。回酒店途中，有人要求去书店购买中国烹饪书籍，小陈表示可以在第二天安排。

次日，女旅游者找到小陈，说购买的漆线雕是次品，要求小陈帮其退掉。小陈表示不是次品，也不可能退换。上午参观结束后，地陪又带全团去一家珠宝店，很多人不下车，小陈百般恳求旅游者下去。午饭后旅游团即将离厦，旅游者又提起购书一事，小李说：“没有时间了。”一周后，旅行社收到了此台湾旅游团的投诉书。

请问地陪小陈在带团过程中有哪些不妥行为？当旅游者要求退换所购商品时，导游正确的做法是什么？

任务六 ● 要求自由活动的处理

任务描述

旅游者外出旅行时，希望能够按照自己的意愿进行参观游览活动。对于旅游者的这种意愿，导游人员是否应当全部满足？还是应该有条件的满足呢？

任务内容

对自由活动的处理

在旅游过程中给予旅游者适量的自由活动时间，可以缓解集体活动带来的紧张感，选择自己感兴趣的项目参观游览或处理其他事务，这是符合旅游者心理要求的。导游人员应尽量予以安排，但应考虑要求是否合理，有无可能实现。

一、允许旅游者自由活动时导游人员的工作

（一）随团期间要求自由活动

个别旅游者因为个人爱好、职业兴趣、探亲访友或其他理由，提出不随团活动要求，导游人员可酌情予以满足并提供必要帮助：

（1）提醒旅游者注意安全，保管好证件、财物。

（2）向旅游者讲清自由活动时所需费用一切自理，原团费不退。

（3）告知旅游者每餐的时间、地点，欢迎其归队用餐。

（4）告诉旅游者旅游团何时离开酒店、何时离站，告知其在旅游团离酒店前归队。

（5）建议旅游者带上酒店卡片并为旅游者写好便条（注明旅游者要去地点的名称、地址等），以备不时之需。

（6）交换手机号，或导游人员将自己的手机号告诉旅游者，或记下旅游者亲友的电话号码，以便联系。

（二）在游览景点要求自由活动

旅游团抵达景点后，有人要求不随团活动，如游人不多、秩序不乱，可满足其要求。

但在离团前,导游人员必须告诉旅游者:

(1)一定要注意安全,保管好证件、财物。

(2)旅游团何时在何地集合(可在示意图上指明),离开景点后在哪家餐馆用餐,希望其在集合时间前到集合地点归队,或赶往指定餐馆用餐;建议旅游者如果错过了时间就乘出租车回酒店。

(3)告知自由活动所需费用自理,原团费不退。

(4)交换手机号,或将导游人员的手机号告诉自由活动者,以便联系。

(三)晚间要求自由活动

有时,旅游团晚间没有活动,或晚间较早回酒店,旅游者希望外出自由活动,除非社会治安不佳,导游人员一般不应阻拦,但要做好提醒工作,即在晚饭结束未离席分散前或在晚上回酒店的旅游车上,提醒旅游者注意:

(1)不要走得太远,不要太晚回酒店。

(2)不要到闹、乱的场所游玩。

(3)不要携带贵重物品,保管好证件、财物。

(4)最好不要在小摊上购买食物。

(5)最好不要一个人外出。

(6)带好酒店卡片,必要时乘出租车返回酒店并告知出租车的计费方法。

总之,允许旅游者自由活动时,导游人员一定要认真、细致地做好提醒工作,确保旅游者的安全。

二、劝阻旅游者自由活动的几种情况

有些情况不宜旅游者自由活动,如果有人提出此类要求,导游人员应及时劝阻,但要耐心解释,说明原因。

(一)旅游团即将离开本地时

旅游团离开本地的当天,尤其是即将离境回国时,为了避免影响旅游团准时离站,导游人员要劝阻旅游者自由活动,也不要让旅游者单独外出购物。导游人员自己也应注意,在此种情况下,不要带旅游团到大型商场购物,不安排他们去地形复杂的景点游览。

(二)地方治安不理想

如果所在地的治安不理想,导游人员要劝阻旅游者自由活动,更不要在晚上让旅游者单独外出活动,但必须实事求是地说明情况。

（三）复杂、混乱的地方

旅游者想去复杂、混乱的地方活动，导游人员要加以劝阻，以免出事。不宜让旅游者单独骑自行车去车水马龙的街头游玩。

（四）划小船游湖或在非游泳区游泳

旅游团游湖（河），必须按规定乘坐所指定的船只，如果旅游者提出划小船游湖（河）或在非游泳区游泳，导游人员不能满足其要求，更不能置大部分旅游者于不顾，去陪少数人划船、游泳。

（五）要求去禁区、不对外开放的机构参观时

如果旅游者要求去不对外开放的地区、机构参观游览时，导游人员不能满足他们的要求，但要说明原因。

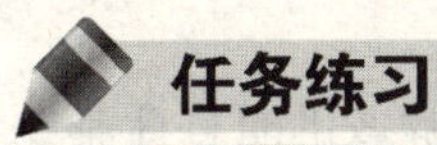

任务练习

2013 年 8 月，北京某公司组织员工与厦门某旅行社签订了旅游合同赴厦门旅游，在厦门某海边酒店住宿。恰逢台风抵达前夕，导游已告知旅游者浪大不适合下水，在旅游者入住的酒店大堂亦有安全警示，告知天气异常，禁止下水游泳。第二天下午为旅游者自由活动时间。下午 5 时 11 分，旅游者谢某到海边戏水，结果被大浪卷入海中，待被解救上岸后经医生证实其已经死亡。谢某家属为赔偿问题将旅行社告至法院。

请分析在此事件中责任人是谁？为什么？

____

____

____

任务七 ● 要求探访亲友及让其亲友随团的处理

任务描述

地陪看见一位不认识的老太太随一位老年团员上了旅游车，于是前去询问，老先生

说老太太是他多年未见的妹妹，这次相见非常高兴，希望在北京期间能一起游览。但地陪让老太太下车，老人嫌地陪语气生硬，很不友好，就争执了起来。地陪不松口，坚持让老太太下车。最后，老年华人指责地陪缺乏人性，生气地带老太太下了车并告诉地陪，在北京期间不再与旅游团一起活动。

地陪应该如何处理老人妹妹随团一事呢？

任务内容

外国旅游者要求探视在华的亲戚朋友，可能是他们此次旅游的重要目的之一。帮助旅游者达成心愿，会使旅游者心情愉快，有利于缩短客导之间的心理距离，有利于旅游活动的顺利进行。因此，导游人员应尽可能满足旅游者的要求。

一、要求探访亲友

如旅游者知道亲友的姓名、地址，导游人员应协助联系，并向旅游者讲明具体乘车路线。

如旅游者只知亲友姓名或某些线索，但地址不详，导游人员可通过旅行社请公安户籍部门帮助寻找，找到后及时告诉旅游者并帮助其联系；若旅游期间没有找到，可请旅游者留下联系地址和电话号码，待找到亲友后通知他。

若旅游者要求会见中国同行洽谈业务、联系工作或其他活动，导游人员应向旅行社汇报，在领导指示下给予积极协助。

若旅游者慕名求访某位名人，导游人员应了解会见目的并报告旅行社，按规定办理。

导游人员在帮助旅游者探视亲友时，一般不参加会见，也没有担当翻译的义务。

二、要求在华亲友随团活动

有的旅游者会见亲友后希望他们随团活动甚至同其到外地去旅行游览。旅游者提出此类要求时，导游人员应视具体情况尽量予以满足，但必须做好如下工作：

1. 首先征得领队及旅游团其他成员的同意。

2. 与旅行社联系，办理入团手续。

(1)请旅游者的亲友出示有效证件，证明其身份。

(2)填写随团表格。

(3)缴纳费用。

3. 如果是外国外交官和外国驻华记者，应请示领导，严格按我国政府的有关规定办理。

4. 如果随团旅游的是一些“特殊”人士，如老人、小朋友、残疾人等，导游人员应该在接待服务时提供相应的“特殊”服务。

任务练习

地陪小王接待美国一商务旅行团到厦门旅游，他为该旅行团办理了住店登记手续，旅游者开始陆续进入自己的房间。小王安排完后正准备离开酒店时，该团一位旅游者史密斯先生急忙赶到小王面前，对小王说：“王先生，××国驻华领事杰克先生是我的好朋友，我们好久没见了，他非常想跟随我们团一起旅游，您能帮助我为他办理随团活动的手续吗？”小王想了想，说：“我还有点急事，况且今天时间也晚了，有什么事明天再说吧！”然后，小王便离开了酒店。

请根据所学知识，回答下面的问题：小王应如何正确处理史密斯先生提出的要求？

____

____

____

任务八 ● 要求转递物品和信件的处理

任务描述

对转递物品的处理

由于旅游行程匆忙，一些旅游者在旅游结束时往往会提出让导游帮忙把物品或信件转给自己亲朋好友的请求。面对旅游者的这种要求，以“宾客至上”为原则的导游应如何处理？

任务内容

旅游者要求导游人员帮其向有关部门或亲友转递物品和信件时，一般应婉言拒绝，并建议其亲自将物品交给收件人，或亲手邮寄给收件人。如确有困难，旅游者又坚持要求转递，导游人员应视具体情况按相关规定和手续办理。尤其是转递重要物品和信件，或向外国驻华使领馆转递物品和信件，手续要完备。

一、处理转递物品要求的一般过程

(一)婉言拒绝

旅游者要求导游人员转递物品,尤其是贵重物品,一般应婉言拒绝。

(二)经领导批准后接受委托

如旅游者确有困难,例如已经没有时间亲自交递或邮寄给亲友,又一再要求导游人员帮忙,导游人员应请示旅行社领导,经批准后可接受委托。

(三)手续要完备

(1)留下委托书,注明物品的名称、品牌和数量,写清收件人的姓名及详细的通信地址,签字并留下委托人的详细通信地址。

(2)核对物品。请委托人打开包装,核实物品及数量是否与委托书上的内容一致。

(3)物品转交收件人后,收件人要出具收据,注明日期,收到物品的名称、品牌和数量。

(4)办妥后,导游人员要将委托书和收据一并交旅行社保管。

二、处理转递物品要求的注意事项

(一)应税物品的处理

如果旅游者要求转递的物品是应税物品,导游人员应促其完税,否则不予转递。

(二)食品的处理

要求转递的物品中若有食品,导游人员应婉言拒绝,请旅游者自行处理。

(三)信件和资料的处理

若要求转递信件和资料,导游人员应说服旅游者自己去邮局办理,可提供必要的协助。

(四)收件人是国家机关、外国驻华使、领馆

1. 收件人是国家机关或有关领导

如果旅游者要求将物品转交给我国的国家机关或有关领导,导游人员请示旅行社

同意后，一定要请旅游者当面打电话，对方同意后，方可接受委托，并将物品交旅行社，尽量让对方派人来旅行社领取。

2. 收件人是驻华使、领馆及其人员

入境旅游者要求导游人员将物品或信件转交给外国驻华使、领馆或外国外交官时，导游人员应建议其自行处理，并给予必要的协助；若确有困难，导游人员又推托不了，应详细了解情况并请示旅行社领导，经批准后可接受委托，但不能自己将物品送交收件人，而应交旅行社，由其转递或通知使、领馆派人前来领取。

任务练习

全陪小孟带一个外国旅游团在华游览，与旅游者相处融洽，取得了旅游者的信任。旅游团离境前，旅游者布朗太太请求他转交一个密封盒子给朋友，并说："盒里是些贵重东西，本来想亲手交给他的，但他出差了，我也马上要离开。只得请你将此盒转交给我的朋友了。"小孟不好意思推托，接受了布朗太太的委托，并认真地亲自将盒子交给了旅游者的朋友。可是，半年后，布朗太太写信给旅行社，询问为什么孟先生没有将盒子交给她的朋友。当旅行社调查此事时，小孟说已经把盒子交给了旅游者的朋友了，并详细介绍了整个过程。旅行社领导严肃地批评了小孟。

问：(1)领导的批评对不对？为什么？

(2)怎样正确处理旅游者的转交贵重物品的委托要求？

任务九 ● 要求中途退团或延长旅游期限的处理

任务描述

虽然旅游是一件愉快而美好的事情，但是在旅游过程中旅游者难免会因为工作、家庭、身体等因素而导致提前中止旅游或者延长旅游期限。面对这种情况，导游应如何处理？

任务内容

一、要求中途退团

（一）有正当理由要求中止旅游活动

旅游者因患病、受伤，或因家中出事，或因工作急需，或因其他特殊原因，要求中止旅游活动，提前离开旅游团，导游人员必须立即报告接待社，经接待社与组团社协商后可予以满足，至于未享受的综合服务费，按旅游协议书的规定或根据旅行社之间协商的办法处理，或部分退还，或不予退还。

（二）无特殊原因要求中途退团

旅游者无特殊原因，只因某个要求得不到满足而提出提前离开旅游团，导游人员应配合领队做说服工作，劝其继续随团活动；若组团社一方确有责任，应诚恳道歉并设法弥补；如是不合理要求，导游人员要耐心解释；若劝说无效，旅游者仍执意要中止旅游活动的，可满足其要求，但须告诉其未享受的综合服务费不予退还。

（三）外国旅游者要求提前离开中国

外国旅游者不管因何种原因要求离开中国，导游人员都要在领导的指示下协助重订航班，办理分离签证及离团、回国手续，但所需费用由旅游者自理。

二、要求延长旅游期限

（一）因伤病延长旅游期限

外国旅游者因伤、病需要延长在中国的逗留时间，导游人员应帮其办理必要的手续，如分离签证、延期签证等；还应不时地前往医院探视，帮助解决病人及家属在生活方面的困难。

（二）其他原因要求延长旅游期限

在华旅游活动结束后，有旅游者要求继续在中国旅行游览，导游人员应正确处理这类要求：

(1)如不需要延长签证，一般可满足其要求。

(2)如需要延长签证,原则上应予以婉拒。若旅游者有特殊原因,导游人员应请示旅行社,对其提供必要帮助。

(3)陪同旅游者持旅行社证明、护照及集体签证,去当地公安局办理分离签证手续和延长签证手续,帮助其重订航班,订妥客房,所需费用由旅游者自理。

(4)旅游团离境后,留下的旅游者若需要旅行社继续提供导游服务,应与旅行社另签合同,按散客标准收取费用。

地陪小张接待一个来自英国的旅游团,按计划该团将于8月15日离境。8月10日用完早餐后,旅游者玛丽小姐接到家里电话,其母亲病故了。玛丽小姐非常悲痛,急着赶回英国处理丧事,请求地陪小张帮助。

地陪小张该如何妥善处理此事呢?

成功导游的服务定位

"服务"的英文单词SERVICE,每个字母可以释义为:

S——Smile 微笑。微笑服务是导游心理服务要领之一。微笑能使旅游者感到亲切,促进与旅游者的交流。

E——Excellent 卓越的。成功导游大多致力于成为卓越的、杰出的导游,以此作为自己奋斗的目标。

R——Ready 准备好。成功导游应具有良好的主动服务意识,提前做好物质、心理各方面的准备。

V——View 看待。对待不同国籍、不同阶层、不同消费水平的旅游者要一视同仁,平等相待。

I——Inviting 有魅力的。在必要的共性因素上融合个性因素,创造标准化基础之上的充满魅力的服务。

C——Creating 创造。面对诸多不确定和未知因素,导游人员要能迅速妥善处理随时可能出现的意外。

E——Eye眼光。要着眼大局,从旅游者的利益和旅游业的可持续发展出发,以长远眼光、整体视角处理带团过程中出现的种种矛盾和问题。

项目九

导游带团技巧

学习目标

1. 能够了解导游带团的各种技巧。
2. 能够将所学知识运用到导游带团实例中。
3. 培养学生的独立分析、独立组织及解决问题的能力，树立其工作自信心。

任务一 ● 导游人员的形象塑造

任务描述

30人的老年旅游团到呼伦贝尔草原游玩，担任地陪的李文是初次带团，为了给旅游者留下良好的印象，她特地买了一套名牌服装，戴上贵重的饰品去迎接旅游团，与旅游者一见面，李文就谦虚地说“我是新导游，我什么都不懂，请大家多包涵”。在游览过程中，李文感觉到讲解完导游词就没什么话可与旅游者聊的，为此李文就经常一个人走在旅游团的前面，谁知，全陪和领队当着旅游者的面向李文提意见“走路太快；讲话太快；不强调集合时间、地点；不友好等”。李文很伤心，认为导游工作得不到尊重和理解，自己不适合导游职业。

导游初次带团在个人形象方面和对待旅游者方面应该注意些什么？

任务内容

一、树立良好的形象

（一）树立良好形象的重要性

导游人员要有良好的个人形象。这种形象要既能体现导游人员个人精神风貌和性格特征，又能展现职业内涵的要求，并被社会所公认。导游人员形象的基本要求是：穿衣得体，仪态端庄，举止大方，彬彬有礼。其重要性具体表现在：

1. 有助于树立中国人的良好国际形象

树立良好形象

中国导游人员自身的形象不是个人形象，而是代表中国人的形象代表，导游人员在宣传旅游目的地、传播中华文明中起着重要作用。形象美，主要指人的内在美和外在美。内在美，需要长期努力培养，不是一朝一夕可以准备出来的；外在美经过修饰即可达到。

2. 有助于增强旅游者对导游人员的信任感

树立导游人员的良好形象是指导游人员要在旅游者的心目中确立安全感、可信赖、有带领旅游者顺利地开展旅游活动能力的形象。

旅游者来自不同的地方，虽然他们在出游之前对旅游目的地的概况或多或少地有所了解，但初到异乡总有人地生疏、语言不通、习惯迥异之感，加上旅途劳顿，抑或还有气候不适、生物钟紊乱的情况，往往会感到迷茫。他们希望有一位亲切、可信、有经验的导游人员出现。导游人员在旅游者心目中树立起热情友好、彬彬有礼、老练睿智的形象，既能提高旅游者对导游人员的信任感，又能使其自觉地配合导游人员的工作。

3. 有助于缩短导游人员与旅游者间的心理距离

最大限度地满足旅游者的需求，是实现优质服务的重要途径。

旅游团的旅游者由于年龄、性别、职业、文化水平和性格上的差异，其旅游动机、兴趣爱好、希望与要求往往也不尽相同。这些不同的需求并非每个旅游者都会直截了当地向导游人员表示出来，特别是性格内向和身份地位较高的旅游者，没有经过一段时间对导游人员和目的地情况的观察、了解，往往不会轻易表示出自己的想法。所以，导游人员若能较快地在旅游者心目中树立起良好的形象，就有利于缩短旅游者同导游人员之间的心理距离，融洽彼此之间的关系，导游人员也就有机会较快、较深入地洞悉旅游者的希望和想法，为安排好日程、提供有针对性的服务做好前提准备。

(二)树立良好形象的途径

1. 重视"第一印象"

第一印象常常构成人们的心理定式,也会不知不觉成为判断一个人的依据。心理学称"第一印象"为心理效应。导游人员与旅游者接触的时间短,给旅游者留下良好的第一印象就显得更为重要。导游人员的第一次亮相,至关重要的是仪容、仪态和使用的语言。所以,导游人员应该以真挚热情的表情、礼貌动听的语言、文雅大方的举止、修饰有度的衣着打扮,表现出神采奕奕的风度,来吸引旅游者。

2. 导游人员保持良好的仪表仪容

导游人员的仪表仪容,是指导游人员的容貌、着装、服饰及所表现出的神态。仪表展示出导游人员的内在素质和个人修养。在我国,对导游人员仪表的基本要求:一是规范,二是整洁大方。规范,即导游人员的穿着打扮、容貌修饰等方面要合乎导游职业的规定,以给旅游者一种训练有素的良好印象。整洁大方就是导游人员的服饰要注意与自己的体型、年龄、导游工作的特点和工作环境相协调,一般以休闲式的着装为主,会给旅游者一种轻松随和、富有活力的视觉效果。

(1)发型

女性导游人员发型应该朝气蓬勃、干净利落,切不可把头发染成红色或彩色。男性导游人员的鬓发不能盖过耳部,遵守"三不过"即前不过额、侧不过耳、后不过肩,也不能烫发和染发。

(2)口腔

导游人员在上班前不要喝酒,不要吃有刺激性的异味食物,如不小心吃了蒜、葱、韭菜等异味食物,可以嚼茶叶、口香糖或喝点牛奶以除异味。

(3)个人卫生

鼻腔:个人清洁卫生包括鼻腔的干净整洁,要经常清理鼻腔、修剪鼻毛。

指甲:导游人员要经常修剪和洗刷指甲,不应该留长指甲,也不能涂指甲油。

除此之外,导游人员要勤洗澡,勤换衣服,防止散发异味。

(4)导游人员的服饰要求

①导游人员服饰原则

配色原则。服饰是一个人的仪表中非常重要的一个组成部分。伟大的英国作家莎士比亚曾经说:"一个人的穿着打扮就是他修养、品位、地位的最真实的显照。"衣着是人们审美的一个重要方面,无论导游人员如何穿衣,都要被他人观看和欣赏,所以应讲究颜色搭配。一般情况下色彩的搭配是上浅下深或者上深下浅。颜色有冷暖色之分,正确的运用冷暖色的特点会获得令人满意的效果。如胖人穿着有收缩感的衣服或深色的衣服可以显瘦。导游人员要根据自身的具体情况,如肤色、身材、脸型并考虑外部条件如季节、场合等的需要,有针对性地选择适合自己身份的着装色彩。

"TOP"原则:是英语"time""occasion""place"三个词的第一个字母的集合,意思就是时间、场合、地点。“TOP”原则要求人们着装时因时间、场合、地点的不同而做出相应调整。人们着装必须与环境保持一致,否则就会显得格格不入。参加隆重的宴会和进行运动的场所,人们的服饰肯定是不同的。人们所处的环境主要有上班、社交、休闲三大场合。上班时,人们衣着要整洁大方;社交时,人们衣着要时尚流行;休闲时,人们衣着要舒适得体。导游人员在工作时最好穿制服或比较正式的服装并佩戴导游证。切忌过分着装、雍容华贵、短小暴露,这都不便开展工作。

②导游人员服饰的要求

制服。制服是一个从事某些职业的标志。导游人员身着制服不仅便于旅游者的辨认,也体现了对旅游者的尊重,同时也显示出一种职业的自豪感。制服的穿着应该整齐、清洁、大方、挺阔。

便服。便服是一种相对随意的服饰。穿着任何便服都要做到简朴和谐,还要注意与本身年龄、体型、职业、环境相吻合。例如,在夏季,男性导游人员不宜穿短裤,女性导游人员不宜穿太短或太长的裙子。

鞋袜。导游人员一般应穿黑色皮鞋,显得大方、得体,皮鞋要保持整洁、光亮;袜子应该与鞋子、裤子相协调。夏季,女性导游人员不可光着脚穿凉鞋,穿长筒袜不可露出袜口。

妆饰。导游人员的妆饰应讲究适度。女性导游人员应化淡妆,切忌浓妆艳抹;佩戴首饰以少为佳,切忌浑身珠光宝气,花枝招展。

总之,导游人员衣着打扮最基本的要求是整洁大方。整洁是人们穿戴的最基本要求。导游人员首先要做到衣裤无油渍、污垢、异味。领口和袖口尤其要保持干净。另外,穿衣一定要合身。

3. 塑造仪态美的途径

(1)导游人员保持良好的仪态

导游人员的仪态,是指导游人员所表现出来的行为举止,即导游人员的姿态和表情等诸方面。具体地讲,导游人员应注重以下几方面:待人自然大方,办事果断利索,站、行、走有度,与人相处直率而不鲁莽,活泼而不轻佻,自尊而不狂傲,工作紧张而不失措,服务热情而不巴结,礼让三分但不低三下四,这样的导游人员比较容易获得旅游者的信任。

(2)导游人员注意自己的谈吐

俗话说“说得好让人笑,说得坏让人跳”。导游人员为了博得旅游者的好感,在初次见面的时刻谈吐方面尤其要注重以下几方面:

①语言要文明礼貌,并表达对旅游者的关心和尊重。

②内容要有趣、词汇生动,不失高雅脱俗。

③语速快慢适宜,音量要适中,声音要亲切自然。

4. 多干实事,不说空话、大话

多干实事是指在合理而可能的情况下,根据旅游者的需要为其提供个性化服务。个性化服务是导游人员在做好旅行社接待计划要求的各项服务或规范化服务的同时,针对旅游者个别要求而提供的服务，做好个性化服务要求导游人员想旅游者之所想，急旅游者之所急，做旅游者之所需。个性化服务虽然不是全团的共同要求，不涉及全团的利益，而只是针对个别旅游者的需求，有时甚至是旅游者旅途中的一些生活小事，但是，做好这类小事往往会起到事半功倍的效果，对全团的影响会大大超过小事本身，使旅游者目睹导游人员求真务实的作风和为旅游者分忧解难的精神，从而产生对导游人员的信任。

不说空话和大话是指导游人员在其工作中要言必行、行必果。说过的话要算数，不随口许诺。那种信口开河、言之无物、模棱两可、华而不实的作风只能引起旅游者的反感。在旅游者的心目中，这样的导游人员是不可靠的、不能信赖的。

5. 多同旅游者进行沟通

同旅游者进行沟通，包括意见沟通和情感沟通两个方面。前者是指导游人员在导游服务过程中与旅游者产生意见分歧时，导游人员应及时排除，以求得与旅游者的意见趋于一致。为此，导游人员要把自己的意图明确表达出来，让旅游者了解自己，同时要设法让旅游者说出自己的真实想法，以达到相互了解的目的，并在此基础上求得意见的一致。后者是指导游人员要促进与旅游者之间的情感共鸣，即一方面要满足旅游者正当的情感需要，如自尊的需要、友爱的需要等；另一方面要尽量使自己的情感频率与旅游者的情感频率趋于一致，即乐旅游者之所乐，急旅游者之所急。

二、导游人员的心理调节

1. 准备面临艰苦复杂的工作

导游人员在为接待旅游团做准备工作的同时，还要有充分的面临艰苦复杂工作的心理准备。不能只考虑按规定的工作程序要求为旅游者提供热情服务的方面，还要考虑在遇到问题、发生事故时应如何去面对、去处理，对需要特殊服务的旅游者应采取什么措施等。有了这些方面的心理准备，导游人员就会做到遇事不慌，遇到问题也能妥善迅速地处理。

2. 准备承受抱怨和投诉

导游工作手续繁杂，工作量很大。有时导游人员虽然已经尽其所能热情地为旅游者服务，但还会遇到一些旅游者的挑剔、抱怨和指责，甚至提出投诉，对于以上情况，导游人员也要有足够的心理准备，要冷静、沉着地面对，无怨无悔地为旅游者服务。

三、导游人员的身体调节

1. 平时加强体育锻炼，以应付工作中的挑战

导游人员平时应注意加强体育锻炼，以应对工作中的挑战。有些地区对导游人员的体能要求较高，杭州六和塔的227级台阶、南京中山陵的392级台阶都要求导游人员

能爬善走；在张家界这类地区的登山旅游，对导游人员的身体素质提出了更高的要求。

2. 忙中有闲，在工作中注意适当休息

在工作中，导游人员应该注意使自己忙中有闲，适当休息。工作时应把酒店作为家的延伸，留出自我调整的时间，以便能正常地为旅游者提供服务。

3. 下团后要注意保持良好的习惯，对工作中造成的疾病应积极治疗

在下团后，要保持良好的生活习惯，不要酗酒，不要通宵达旦地娱乐。对于因长年带团造成的身体疾患，如胃病、风湿性关节炎、肌肉劳损等，要予以重视并积极治疗。

任务练习

走访当地旅游景区景点，观察导游人员的实际工作场景，以小组为单位，进行形象塑造表演。

____

____

____

任务二 ● 导游人员的组织能力

任务描述

李文在北京旅行社做实习导游时，曾经接待一个来自湖北、湖南、广西多地的旅游者组成的散客旅游团，一行30人。在参观颐和园的过程中，她发现在她视线之内的仅有10多名旅游者，其他旅游者都不见踪影，这使得李文不知所措。

问：对于散客旅游团，导游应运用哪些技巧带好团队？

任务内容

一、合理安排日程

导游人员是旅游活动的组织者和服务者，引导和帮助旅游者做出最佳选择的安排

是导游人员的职责，导游人员要根据接待计划着手安排旅游团的游览活动日程。旅游者的游览时间有限，日程安排得合理才能让旅游者获得最大收益。

（一）导游活动日程表

导游活动日程表的内容一般包括：接待社名称或代号，出发时间及参观游览项目，就餐时间和地点，风味品尝，购物，晚间活动，自由活动及会见等特殊项目。

（二）日程安排应遵循的原则

1. 主要活动的安排必须符合旅游团的特点

在旅游团队中观光团的比例较高，这类旅游者的旅游动机主要是以游览名胜古迹、自然景观和领略当地风情为主。如果旅游团是专项旅游团，导游人员在安排活动时，就必须突出旅游团的专项需求。

2. 从旅游者的需求出发安排活动

合理安排日程设计

真正从旅游者的需求出发安排旅游活动才能使旅游者满意。有时，导游人员在安排活动时存在很强的主观随意性，认为自己喜欢的旅游者一定也喜欢，结果却适得其反。

3. 要兼顾参观游览和购物等各项活动

在安排活动日程时，导游人员要兼顾各种活动，使旅游者既感到充实，又觉得轻松愉快，获得各方面的满足。

4. 体现本地特色并且点面结合

据调查，旅游者之所以到某一目的地旅游，最大的愿望就是欣赏当地最具特色的景观。此外，导游人员在安排日程时还要注意点面结合，点是参观日程安排好的项目；面是游览景点以外的自然景观和人文风貌，如街景、商业购物中心等。

5. 要劳逸结合，留有余地

导游人员在安排日程时，要考虑旅游团成员的年龄、身体条件等情况。如果团内有老弱病残者，应注意劳逸结合，给旅游者安排充分的休息时间。一般导游人员应在游览进行一半左右时，找合适的地方休息。在旅游团即将结束行程当天留出足够的时间让他们整理物品或购物等。

6. 活动内容多姿多彩，不要雷同

除专项旅游外，雷同的旅游项目常常会使旅游者厌烦。同一类型的游览项目最好不要集中在一天。

7. 游览活动要做到渐入佳境

导游人员带团游览的顺序应是“先一般，后精彩”，以期达到渐入佳境的状态。

(三)旅途中的活动组织

长途旅游过程中的活动组织也是导游不可忽视的。旅游者往往有“旅速游缓”的心理期待,适当的活动组织能使枯燥漫长的旅途生活得到调剂。因此要事前准备一些适合行程中进行的小游戏和互动环节,让旅游者在旅途中轻松愉快地度过。

二、对散客的组织技巧

(一)散客旅游的概念与特点

散客旅游在国外称为自主旅游,它是由旅游者自主提出旅游行程安排,零星现付各项旅游费用,由旅行社提供一定旅游服务的一种旅游形式。

散客旅游的特点主要有:

(1)人数少。10 人以下的旅游者为散客旅游。

(2)批次多。虽然散客旅游的规模小、批量小,但由于散客旅游发展迅速,采用散客旅游形式的旅游者人数大大超过团体旅游者人数。

(3)要求多。散客旅游中,大量的公务和商务旅游者的旅行费用多由其所在的单位或公司全部或部分承担,不仅消费水平较高,而且对服务的要求也较多。

(4)变化大。由于散客的旅游经验还有待完善,在出游前对旅游计划的安排缺乏周密细致的考虑,因而在旅游过程中常常需随时变更其旅游计划,导致散客更改或全部取消出发前向旅行社预定的服务项目,而要求旅行社为其预定新的服务项目。

(5)预定期短。同团队旅游相比,散客旅游的预定期比较短。因为散客旅游要求旅行社提供的不是全套旅游服务,而是一项或几项服务,有时是在出发前临时提出的,有时是在旅行过程中遇到的,他们往往要求旅行社能够在较短时间内安排或办妥有关的旅行手续,从而对旅行社的工作效率提出了更高的要求。

(二)散客组织技巧

(1)导游人员与旅游者相识后,应尽快记住旅游者的姓名和体貌特征,并设法了解旅游者的国籍、职业、性格和习惯等。

(2)由于参加散客旅游的旅游者通常文化层次较高,而且有较丰富的旅游经验,他们对服务的要求高,更重视旅游产品的文化内涵,所以接待散客对导游人员的素质要求也比较高,导游人员应有高度的责任感,多倾听旅游者的意见,做好组织协调工作。

(3)如果是单个旅游者,导游人员可采用对话或问答形式进行讲解,更显得亲切自然。有些有考察社会兴趣的零星散客,善于提出问题、讨论问题,导游人员要有所准备,多向旅游者介绍旅游目的地各方面的情况,从中了解旅游者的观点和意见。

(4)如果是散客小包价旅游团,导游人员应陪同旅游团,边游边讲解,随时回答旅游者的提问，并注意观察旅游者的动向和周围的情况，以防旅游者走失或发生意外事故。

(5)散客旅游者不同于团队，团队的日程安排是确定的，按部就班地为旅游者提供服务即可，导游大多出于主导；而接待散客旅游者，往往会根据旅游者的需求对旅游活动进行调整，这就需要导游提供个性化的服务来满足不同旅游者的需要、兴趣等。

(6)因人而异。接待散客旅游者，导游还需要考虑旅游者的个体情况，在合情合理的原则下提供相应的服务。

(7)在游览过程中，散客旅游因无领队、全陪，因此相互之间无约束，集合很困难，导游人员更应尽心尽力，多做提醒工作，多提合理建议，努力使散客参观游览安全、顺利。

(8)由于散客旅游者自由活动时间较多，导游人员应当好他们的参谋和顾问：可介绍或协助安排晚间娱乐活动，把可观赏的文艺演出、体育比赛、宾馆酒店的活动告诉旅游者，请其自由选择。但应引导他们去健康的娱乐场所。

(9)导游人员应特别留心散客的行李；导游人员对散客托付的事情要铭记在心，认真落实，最好用笔记本记录旅游者的委托事宜，避免遗忘，办妥后要将结果告诉旅游者。

(10)导游标识应鲜明，导游人员可以让旅游者戴颜色鲜明的帽子以便辨认。

三、对团队的组织技巧

(一)团队的概念与特点

旅游团队是指通过旅行社或旅游服务中介机构，采取支付旅游过程中食、住、行、游和导游服务等综合包价或部分包价的方式，有组织地按预定行程计划进行旅游消费活动的旅游者群体。负责旅游团队导游服务的通常由领队(境外导游人员)、全陪(全程导游人员)和地陪(地方导游人员)三人组织。

团队旅游的特点主要有：

(1)人数多。旅游团队一般是由10人以上的旅游者组成。

(2)旅游方式固定。旅游团队的食、住、行、游、购、娱都是由旅行社或旅游服务中介机构提前安排。

(3)行程按计划进行。旅游团队与散客最大的区别就是团队是有组织、按预定的行程和计划进行游览。

(4)付款方式为包价而且价格相对便宜。旅游团队是通过旅行社或旅游服务中介机构，采取支付综合包价的形式，即全部或部分旅游服务费用由旅游者在出游前一次性支付。

（二）团队组织技巧

1. 知己知彼，满足需要

导游人员要想组织好团队，首先要了解旅游者的基本情况，包括旅游者的国籍、职业、社会地位、年龄、性别。不同的旅游者有着不同的性格、思维方式、文化背景和心理特征、兴趣爱好、审美情趣。导游人员根据他们的特点提供相应的服务，满足其需要，为组织好团队游览发挥作用。

2. 把握全局，灵活机动

导游人员是组织游览活动的核心人物。作为一名导游人员，希望旅游者在自己的带领下“步调一致”，但往往会事与愿违。导游人员是否能够把握全局，灵活机动地组织好整个团队就显得至关重要。旅游者之间存在经历、层次和修养等不同的特点，再加上旅游者们普遍存在一种意识——我们是有偿旅游的，作为导游人员应该满足旅游者的需要。因此，在旅游过程中，时常会出现多数旅游者与少数旅游者发生利益矛盾的冲突。

首先，导游人员应该把握全局，努力使自己所带领的团队在完成任务的前提下尽量满足他们合理而可能的要求。例如：一个旅游团队中，大部分旅游者想去某景点观光游览，小部分旅游者认为该旅游项目没多大意义而想去购物。导游人员确定好全体集合时间，先将购物的旅游者送到购物商场（必须要指派领队或一名旅游者负责安全问题），然后带领另一部分旅游者进行观光游览，再按照规定时间上车，将全体旅游者集中起来进行下一个旅游项目。

其次，在团队中除了领队外，往往有一个或几个人影响力比较强，而其他的旅游者一般表现出“随大流”的心理。因此，导游人员在接待团队时要注意观察，了解团队情况，善于抓住团队中的“中心人物”。处理好和他们的关系，团队就比较好控制，即使在以后的游程中出现一些问题或不足，由他们出面说几句话，就可以得到弥补，把事情平息。

“中心人物”往往具有以下的特点：第一，有比较丰富的社会阅历，特别是对旅游业和旅游目的地的情况比较了解；第二，认知能力比较强，且意志比较坚定；第三，有比较娴熟的社会交往技巧，善于察言观色，善于选择交往对象所容易接受的交往内容和方式。

最后，导游人员要注意不要临时“抱佛脚”来一招所谓“举手表决”方式，这样的结局也许不是多数与少数的问题，极可能出现四分五裂以及意见得不到统一的尴尬局面，那时导游人员会完全处于被动。

3. 协调关系，合作共赢

领队、全陪、地陪、司机共同构成了导游工作集体，他们之间只有通过分工合作才能有效地开展工作，同时，导游人员在带团时离不开其他相关旅游服务部门和工作人员的协作，导游工作与其他旅游服务工作的相辅相成关系决定了导游人员必须掌握一定的协调技能,保证接待计划的顺利完成,实现共赢。

首先,导游人员与旅游者的交往要注意了解旅游者、尊重旅游者,从细节之处入手,真正做到为旅游者着想。

其次,导游人员要搞好与领队的协作,尊重领队、关心领队、调动领队的积极性,避免与领队的正面冲突。

再次,导游人员还要协助司机做好安全行车工作。

此外,导游应与其他旅游接待部门合作。

4. 合理搭配,多姿多彩

导游在活动内容的搭配上是否妥当,活动节奏是否合理,这些都会影响旅游者的情绪和心理活动。导游人员要掌握好游览活动中的内容搭配,实质上是掌握导游工作的主动权。一般地说,旅游者参加旅游活动时既兴趣浓厚,又充满好奇。这为导游工作提供了良好的前提,而如何让这种兴趣和好奇进一步得到发展和满足,使旅游者高兴而来,满意而归又是导游应思考的又一问题。

首先,当天的游览景点安排要避免雷同,要知道旅游者来到异乡,他们需要的不仅仅是为了"到此一游",而是陶冶情操,以及更高精神上的追求。这样理解当然是正确的,但是从更深的层次去分析研究旅游者的实际需求,上述的方面还是不够的。我们知道人的需求是多方面的、多层次的。同时,旅游者在旅游过程中需求内容也不断变化。现代的导游人员所提供的服务不仅仅是游览范围,还体现在满足旅游者多方面、多层次的需求上,并适应旅游者不断变化的内容需要,从而使旅游者感到轻松。

其次,游览要与购物、娱乐相结合。导游人员要把游览、购物和娱乐结合好,这样既能满足旅游者的需要,也是旅游项目必不可少的活动。特别是对待购物问题,导游人员既要热情介绍,但又要防止介绍过多的现象发生,避免旅游者产生不必要的误解和反感。

另外,在旅游途中导游尽可能当个多面手,讲故事、说笑话、猜谜语、演小品、唱歌、跳舞等,还要组织好玩游戏,最大限度地调动旅游者的积极性。

四、对特殊旅游者的组织技巧

(一)对有特殊身份和社会地位旅游者的组织技巧

在旅游公众中,有一部分旅游者拥有特殊的身份和社会地位,比如国内外在职或曾经任职的高级政府官员、社会名流、皇室成员和贵族,在国际上有一定的知名度,他们往往在公务之余出游,其日程安排也和普通旅游者不同,对接待规格和方法有特殊要求,接待这类旅游者时应注意以下几个方面的问题:

1. 增强自信

导游人员不要因为对方身份地位高就胆怯不安,做好充分的心理准备,只要真诚付出就一定能赢得他们的尊重与欣赏。

2. 注意接待规格

不同的身份和地位，在接待时有不同的规格，如餐饮、住宿的标准，是否安排相应级别的领导接见、会见，日程出现变化时如何应对等。遇到问题随时向有关领导请示、汇报，不得擅自做主。

3. 事前准备

导游人员通过各种可能的途径了解这些特殊的服务对象，如身份、年龄、喜好、知识背景等，掌握相应的服务方法和技巧，有关的专业知识和行业术语，以便在沟通交流时产生共鸣。

（二）对残疾旅游者的组织技巧

社会文明程度的提高和日趋完备的旅游设施，为残疾人的出游创造了良好的环境和便利的条件。越来越多的残疾人加入旅游队伍中，这就要求导游服务要因人、因情形而异，注意工作的方式和方法。

1. 热心关注，适当帮助

残疾人的自尊心和独立性很强，虽然他们需要很多帮助，但是他们不愿意给别人添麻烦。接待他们时，既要热心关注，随时准备为他们提供服务，又要注意不要过多当众关心，使他们产生自卑心理。

2. 因材施教，各得其所

注意针对他们的特点扬长避短。

（三）对老龄饭店的组织技巧

老年人的特点是阅历深、经验多、见识广，怀旧心理强烈。接待他们时应充分考虑老龄旅游者的生理特点和身体情况，一般应有“三心”：

1. 爱心

尊敬老人是我们的优良传统，在旅游活动中应把他们视为自己的亲人，爱心满满地为他们服务。

2. 耐心

老年人爱凭经验处事，记忆力差，爱重复提问题，导游应不厌其烦地为他们讲解，而不敷衍了事。

3. 关心

导游在旅游过程中一定多注意他们的安全及饮食问题，做到时刻关心他们。

（四）对儿童的组织技巧

儿童旅游市场是一个大市场，很多家长希望带孩子出游以达到增长见识、开阔思路、陶冶情操的目的。

1. 安全第一

儿童大多天真且活泼好动，好奇心强，对什么都感到新鲜有趣，由此就会有一些不安全因素。一定要提醒家长对儿童的安全问题不可掉以轻心。

2. 合情合理

与成人相比，儿童适应能力较差。如在住宿方面，多听取家长意见，安排合适的房间等。

（五）对宗教界人士的组织技巧

宗教界旅游者是一个特殊的群体，大多以朝圣、拜佛、求法及宗教考察为旅游目的。

1. 熟悉宗教政策

我国的宗教政策是自治、自养、自传。中国不干涉宗教界人士的国际间友好交往，但未经我国宗教团体的邀请和允许，不得擅自在我国境内传经布道和散发宗教宣传品。对于常规礼拜活动，经上报宗教主管部门同意后，可在指定场所进行。任何人不得利用宗教进行破坏社会秩序、损坏公民身体健康、妨碍国家教育制度的活动。

2. 充分准备以满足其特殊需求

导游人员在接到工作任务后，要认真分析接待计划，了解接待对象的个人背景，对其宗教教义、教规和生活习惯、禁忌要充分了解，把服务做到前头。

3. 尊重信仰

导游人员要尊重宗教旅游者的信仰，在生活交流和游览讲解中要避免涉及有关宗教问题的争论，不要把宗教问题与政治问题混为一谈，不要对对方宗教行为妄加评论，更不能在言谈中流露出不理解、不尊重。

任务练习

要求每名学生利用课余时间，去拜访当地一些知名旅行社中的一名优秀导游人员，向其请教带团过程中的一些组织团队的小技巧，并在班内利用课堂时间与其他同学进行分享。

____

____

____

任务三 ● 导游人员的协调能力

任务描述

夏天，某旅行社迎来了一批特殊的旅游者——某公司驻全国各地分公司的高管人员，行程安排是参观蒙牛工业园区。导游带团驱车前往，在路上导游联系该景区，得知该企业自行搞的一个大型旅游团队正在参观，如此时另一支团队也到达，恐怕没有讲解员接待，需要等待。导游得知此消息，赶紧与全陪联系，安排旅行团先行参观昭君博物院（在去参观蒙牛工业园区的路上正好路过，行程中安排是返程时参观）。经全陪同意，团队先参观昭君博物院景区。一个半小时后，团队驱车前往蒙牛工业园区，此时讲解员在门口迎候团队，参观的游人也相对较少，避免了拥挤，也没有影响行程安排。

请分析，此次行程得以顺利进行的关键是什么？

任务内容

导游人员在整个旅游工作过程中是核心人物，要求具备极高的素质要求，其中导游人员的协调能力是导游服务过程中所具备的基本能力之一。导游在带团过程中，既要协调导游工作集体之间的相互合作，又要与旅游服务企业之间协调，更好地对旅游者提供服务；同时，还要协调与旅游者之间的关系，以及旅游者与旅游者之间的关系。可以说，导游是处在复杂的导游工作过程中的一个中心枢纽的位置。

一、导游工作集体的协作

导游工作集体，狭义上是指直接为旅游者提供服务的地陪导游人员、全陪人员、领队导游人员以及景点导游人员共同构成的导游服务工作集体，广义上还应包括间接为旅游者服务的旅行社工作人员，以及为完成旅游接待计划所涉及的旅游各相关部门。他们共同为旅游团落实和实施旅游接待计划。

（一）导游工作集体的工作准则

导游工作集体的成员由来自不同旅行社的人员组成，他们代表着不同的旅行社，各自的职责范围不同，代表的利益不同，工作方式、方法不同，但是所有的导游都是为了完成同一份旅游合同，为同一批旅游者的旅游行程的顺利进行而工作。因此，在工作中所有导游是一个工作集体,大家应遵守以下原则,更好地为旅游活动的顺利进行服务。

1. 相互尊重,不卑不亢

导游服务集体的各个成员虽然各自代表着不同旅行社的利益,在工作中有各自的职责范围,但是他们在工作中执行的是同一份旅游合同,服务的是同一批旅游者,相互之间不存在领导与从属的关系。因此,为了圆满地完成接待任务,导游服务集体成员必须相互协作,彼此尊重,

2. 主动沟通,求同存异

导游工作集体的成员来自不同地区的旅行社,在工作中,信息沟通至关重要;在导游工作中,由于地区差异等,地陪、领队、全陪之间难免出现意见分歧,为了避免冲突,地陪应该经常与全陪或领队沟通自己的工作重点,最好能事先与他们沟通并征求他们的意见和建议。

3. 树立全局意识、团队合作意识

导游工作集体是一个团体,大家有着共同的工作目标,旅游者在旅游过程中的每一个环节都关系整体的服务质量,所以大家都要树立全局意识,争取服务质量的最优化。

(二)搞好与领队或全陪的协作

1. 平等意识的树立

地陪、全陪、领队、定点讲解导游人员的共同目标是带好团队,相互之间是协作的关系,没有谁领导谁、谁管理谁的区分。

2. 团队意识的树立

团队协作是带团成功的关键。不同的导游职责分工不同,但是大家共同的服务对象都是一个团队的旅游者,只有相互协作才能顺利完成团队服务。

(三)做好与景点(区)导游的协作

1. 主动沟通,建立良好的合作关系

导游人员应在带团中多与景区导游及时沟通,反映团队成员的情况,以便景区导游根据团队情况调整自己的讲解内容。

2. 互相学习,建立友情关系

景区导游对于景点的讲解比导游人员更专业,导游在带团过程中可以相互学习,提高自己的业务知识。

二、与其他接待单位的协作

旅游活动的进行涉及食、住、行、游、购、娱各个部门,各部门之间没有隶属关系,因

为旅游业的需要，旅行社将其组合在一起，形成一项旅游产品，这些部门都为旅游者的旅游活动的进行提供必要的服务。旅行社的计调等部门与相关的旅游企业做前期的预订等工作，但直接与这些部门进行具体业务往来的是导游人员。为了确保旅游活动的顺利进行，导游在带团工作时，应该与各部门协作，及时进行信息的沟通交流。

（一）与旅游交通部门的协作

（1）地陪接到团队通知单后，与当地旅游汽车公司联系，告知团队人数，确定车辆以及车辆号码，告知旅游车辆司机接团的时间、地点等内容。地陪在旅游活动进行中，必须密切与司机协作，共同完成旅游接待计划。旅游团队行程结束前地陪应与旅游车辆司机协调，商定送团时间，以及行进路线等，确保按时顺利送团。

（2）全陪拿到接团计划后，在出团前电话联系航空、铁路、水运等部门，确定航班、火车、轮船的出发时间。

（3）如遇特殊天气或是交通管制情况，导游人员应及时与旅游交通部门联系，确定旅游团队所乘交通工具的具体抵达或出发时间，以免发生误机（车、船）、漏接等事故。

（二）与酒店之间的协作

（1）团队入住前提前与酒店沟通协调，确定房间数、抵店时间、旅游者情况（有无特殊要求等）。

（2）团队入住时，协助旅游者办理入住登记手续，协助领队或全陪进行分房，确保旅游者按时入住。导游与酒店沟通，告知第二天离店或出发时间，确定酒店叫早时间；如酒店提供早餐，还需及时与酒店餐饮部沟通，确定早餐时间。

（3）团队离店时，协助酒店前台办理退房手续，及时搜集房卡。配合酒店尽快办理结账手续。

（4）特殊情况的处理。如旅游者有在房间内有消费，协助收取相关费用。旅游者如有遗留物品，应及时协助酒店查找。

（三）与餐厅之间的协作

（1）旅游者抵达餐厅前与餐厅沟通具体就餐人数，有无用餐禁忌等，以便餐厅根据旅游者具体情况安排饭菜。同时告知酒店团队具体抵达时间，以便餐厅提前做出安排。

（2）旅游者抵达餐厅时，协助酒店安排餐位。旅游者就餐时如有问题，导游应协助餐厅及时解决。

（3）旅游者就餐结束时，导游及时与餐厅结账，并将旅游者的意见和建议反馈给餐厅，以便餐厅更好地调整自己的菜品和服务。

（四）与旅游景区景点的协作

（1）旅游团抵达前，提前联系旅游景区，告知团队具体人数，如遇旅游高峰，采取相关措施，尽量使旅游者在旅游景区最佳的时机前去游览。

(2)配合旅游景区对旅游景区的环保等做宣传，带领旅游团队遵守旅游景区的规章制度。

(3)及时反馈旅游者对于旅游景区的意见和建议。

(五)与旅游购物品商店的协作

(1)提前通知旅游购物店做好接待准备。

(2)协助旅游购物店做适当的宣传工作。

(3)及时反馈旅游者对旅游商品及旅游购物店服务质量方面的意见和建议。

(六)与旅游娱乐部门的协作

(1)团队抵达时提前与旅游娱乐部门联系，说明旅游者来源、团队具体人数等，如有需要座位预订的要提前订好。

(2)团队抵达时，应协助旅游娱乐部门做好旅游者的秩序维护和安全管理工作，发现问题及时反馈给旅游娱乐部门。

三、导游人员要善于协调与旅游者之间的关系

导游与旅游者之间具有服务与被服务、领导与被领导等多种微妙的关系。导游人员既要做好旅游合同规定的服务工作，又要带领旅游者享受旅游带来的乐趣，如何在短暂的相处时间内建立愉快的合作关系，是对导游人员协调能力的又一挑战。

首先，导游人员要把握旅游者的心理需求，提供优质的服务。导游人员在旅游接待过程中，对待旅游者必须一视同仁，在接团初期要多观察旅游者的心理变化特点，适时地、有针对性地提供人性化的服务，以便与旅游者建立良好的关系。

其次，导游人员要尊重旅游者，建立良好的伙伴关系。导游人员与旅游者接触的时间较长，相互之间的融洽关系有利于旅游活动的顺利进行。

再次，导游人员要协调好旅游者之间的关系，做好团队意识的培养。旅游团队的成员是短时间建立起来的群体，相互之间在旅游习惯、兴趣爱好、年龄、消费习惯、宗教信仰等方面存在较大差异，因此导游人员要带好一个团，必须在短时间内培养旅游团成员养成好的团队凝聚力，促成团内成员的从众行为，以便更好地保持旅游团的群体行为，确保旅游形成的顺利进行。

总之，导游人员在工作过程中，会形成一个以自我为中心的强大关系网，其中的关系协调大部分依赖导游人员的主动沟通与联系，因此，导游人员在上岗之初，就要树立好服务意识，养成良好的沟通交流方式，归纳起来有以下几个方面：

(1)会说。使用礼貌用语，给旅游者留下良好的第一印象；在说话时，忌用命令式的语气，注意把握说话的时机。

(2)会听。学会倾听，在倾听过程中，总结说话者的说话要点，进行有效的沟通，重

要的内容做书面记录。

(3)会观察。除了听口头语言外,还要观察交流对象的肢体语言、副语言等,及时了解旅游者的内心动向,以便提供有效服务,提高导游服务的整体质量。

任务练习

呼和浩特市某旅行社导游小张接到一个23人的旅游团,由于团队确认比较晚,所以小张接到派团单时,距离接团时间只有半天的时间,小张按照惯例准备好出团所需物品。20:00回到家,小张又拿起接待计划仔细查看,她突然发现,接待计划上备注一栏里明确写着"此团旅游者在接站时需要敬献哈达",而此时天色已晚,去购买哈达已经来不及,小张只好硬着头皮给旅行社的后勤部员工打电话,说明情况后,对方又返回公司,帮小张拿哈达。小张不住地道歉,同时也在庆幸自己发现得早,否则会引起旅游者对服务的不满。第二天一早,小张按时在火车站接到旅游者,当敬献哈达后,旅游者对内蒙之行留下了非常好的第一印象。

问:假如你是导游小张,你在和旅行社工作人员打电话时,你会如何与对方沟通协调?请分析导游在日常工作中如何与导游工作集体建立良好的协作关系。

____

____

____

任务四 ● 导游人员的控制能力

任务描述

李文在做实习导游时,曾经跟着师傅张导共同接待来自上海的50多人团队。李文在接待的过程中发现,在行程开始的第一、第二天,团友们都很认真地听着张导的讲解并且积极、认真地服从管理;但第三天开始就出现了很多人时间观念差、自由散漫的现象,致使团队行程拖沓,影响了参观效果与旅游者的心情。

请分析,团队出现这种情况的原因是什么?应如何处理?

任务内容

带团要做旅游团的“领导”,什么是“领导”呢?不是导游在带团过程中发号施令,而是导游通过游览过程中旅游活动的组织和控制,成为团队的“中心”,这将十分有利于导游带团活动的展开。

一、对游览节奏的控制

(一)游览活动要有张有弛

在旅游中,旅游者经常会遇到需要上下坡的景点。虽然劳累,但也可以使人获得冒险的快感,导游人员一定要注意使活动节奏与旅游者的生理与心理活动节奏合拍,才能收到好的效果。上坡时,特别是在险要之处攀登时,人的肌肉和思想都呈现紧张状态,如果持续时间长,肌肉可能出现痉挛,神经可能出现休克。特别是年老体弱旅游者,更容易出现这种症状,所以爬坡宜缓,中途要有休息时间。如参观南京中山陵时,从起点走到纪念堂前共392级台阶,其中有8个平台。导游人员可以在这些平台上停留一段时间,为旅游者讲解孙中山先生的生平事迹、孙中山先生墨迹“天下为公”的历史背景和由来、纪念碑、两侧的桂花树等。这样,走一段,停下来讲一段,旅游者也可以休息一下。旅游者在走走停停中来到纪念堂前,既不会觉得很累,又增长了不少知识。

(二)行进速度有急有缓

导游人员带团游览参观过程中,既不能为了赶时间而匆匆忙忙,也不能因时间宽裕而慢慢吞吞,把人拖得感到无聊,急缓要有度。一般情况下,旅游活动要求“行速游缓”,即行路时快一些,观赏时放慢速度。至于何处该快,何处该慢,何处该停,要根据游览点的具体环境而定。这就要求导游人员十分熟悉沿途各景点的情况及其观赏价值,让旅游者有时间拍照,还要计划好在哪里休息,又在哪里让旅游者上厕所和购买纪念品。这些虽然看似都是小事,但需要为旅游者考虑。

(三)游览顺序先高后低

“先高后低”是指导游人员在安排一天的游览项目时,应先安排奉旨体力大的全市项目,因为旅游者在游玩第一个景点时其精神状态以及体力最为充沛。反之,一天游览过半,再安排登山活动,也许相当一部分旅游者因体力关系而无法参加。比如,游览北京时,通常将八达岭长城和定陵安排在一天。导游人员应在上午安排登长城,下午安排游定陵。否则,有些旅游者可能只能望长城而却步了。

二、对审美观赏的引导

(一)传递正确的审美信息

正确的审美信息来自导游人员正确的讲解。旅游者参加旅游活动是为了寻找美、欣赏和享受美,但由于其对旅游目的地的旅游景观,特别是人文景观的社会、艺术背景不了解,面对景物不知如何进行欣赏,不知美之所在,将会对其审美效果产生很大影响。导游人员作为旅游审美信息的传递者,应帮助旅游者对美的事物进行感知、理解、领悟;同时也需要导游人员本身对中华民族古老的历史和文化有着深刻的了解,对祖国的自然风光、文物古迹、社会风情及各种美好的事物有深刻的认识。在此基础上,导游人员才能利用已有的美学知识为旅游者传递出正确的审美信息。若导游人员不仅对祖国的美好事物有深刻了解,而且也能熟知国外的一些情况,定能引起外国旅游者或国内的异地旅游者极大的兴趣与强烈共鸣。

(二)激发旅游者想象思维

人的审美活动是通过以审美对象为依据,经过积极的思维活动,调动已拥有的知识和经验,进行美的再创造的过程。旅游者面对优美的自然和人文景观欣赏并发出由衷感叹是一个客观环境和主观情感相结合、相交融的过程。导游人员应充分认识到想象思维在审美活动中的重要作用,了解旅游者的审美情趣和思想情绪,利用他们的审美意识,努力使自己的导游讲解"寓情于景、情景抒情、情景交融",激发旅游者的想象思维,促使他们与审美对象产生情感上的交流,从而获得美的享受。

(三)帮助旅游者保持最佳审美状态

审美意识是一种个人意识,不仅依赖于人的审美知识和能力,也取决于人的情感。旅游者的情绪会直接影响其审美心境,轻松愉快的心情有助于旅游者去寻找美、欣赏美。导游人员要向旅游者提供热情周到的服务,采用各种有效的方法和手段,激发旅游者的游兴,调节他们的情绪,使他们的审美情绪保持在最佳状态,在旅游过程中能够始终以饱满高涨的热情去欣赏美、享受美。

(四)引导旅游者掌握审美方法

1. 静态观赏与动态观赏

静态观赏是指旅游者在一定的空间停留片刻或缓慢地移动视线,做选择性的景物观赏,通过联想、想象来欣赏、体验美。如站在山顶观日出、看云海,站在大海之畔听涛声,驻足仰望神像雕塑,这样的观赏形式时间长、感受较深,人们可以获得特殊的美的享受。

动态观赏是指让旅游者步行、乘船或乘车于景物之中，使观赏对象呈现一种动态的美感，一步一景，步移景异。我们常说的"游山玩水""浏览风景"正表明了审美活动处于动的状态。这种方法的重点在于路线的设计，好的路线能够让人更加完整、细致地领略到观赏对象的全貌和精髓所在。我国最典型的动态观赏景观如广西漓江的桂林山水、长江的三峡风光。

2. 观赏距离与角度

距离和角度是观赏景物不可缺少的两个要素。很多观赏对象只有从一定的距离和特定的角度才能领略其丰姿。特别是欣赏一些造型别致独特的景物时，如果不选择好距离和角度，不仅使旅游者难以感受到其特有的魅力，而且还会令人大为扫兴。巫山神女峰从远处看似少女亭亭玉立，宛若天仙；近处看只不过是一块普通岩石。有些导游忽略了距离、角度这一点，费了很大的力气讲解，结果由于没有把握好观赏景物的距离和角度，反而令旅游者大失所望。

3. 观赏时机

观赏时机指的是游览过程中所要把握的季节、时间和气候等因素。光照、时令、气候影响着千变万化的大自然中的色彩、线条、形象等，所有这些自然中的美，只有在一定时机才能显现出来。如果时机把握不当，会使审美效果受到很大影响，甚至欣赏不到风景的美。比如北京香山的红叶，只有到每年的秋季才能欣赏得到；又如泰山之巅的日出，峨眉山的金顶佛光都是因时间的流逝、光照的转换形成的美景；云蒸霞蔚的黄山美景，缥渺含蓄的庐山云海，阴晴各异的西湖风光则是变幻莫测的气候形成的人间仙境，令人回味无穷。所以，观赏风景时一定要把握住时机。这就要求导游人员应十分熟悉景点特性并掌握好观赏时机，这样才能帮助旅游者欣赏到美丽的景色。

三、对旅游者心理的调节

（一）旅游前期对旅游者心理的调节

旅游者初来乍到，对陌生事物兴奋激动，但由于人地生疏、语言不通，因而容易产生孤独感、茫然感、不安全感和惶恐感，存在拘谨心理、戒备心理，怕举手投足犯忌、被人笑话心理。总之，旅游者心中有一种不安全心理，唯恐发生不测，危及生命和财产安全。这时的旅游者求安全的心态表现得非常突出，甚至上升为主要需求。因此导游要努力使旅游者获得外出旅游的"解放感"和"轻松感"，让他们轻松愉快地旅游，尽情地享受旅游给予他们的乐趣。

在这个阶段，旅游者的另一个突出心理特征是"探新求奇"。旅游初期，旅游者的注意力及兴趣极易转移，常常寻求一些刺激，以满足其猎奇、增长知识的心理需求。他们对什么都感到新奇、都愿看、都要问、都想知道。即使是当地人司空见惯、不值一提的事情，对于他们来说可能都是新鲜事。因此，导游人员应科学地、有针对性地多做生动精彩的讲解，同时耐心解答旅游者所提出的各种问题，即使可能问题幼稚可笑，导游人员也必须认真回答。

（二）旅游中期对旅游者心理的调节

随着时间的延长、接触的增多，旅游团成员之间、旅游者与导游之间也变得越来越熟悉，旅游者的精神会逐渐放松起来，行为也越来越随意。因而常会出现懒散及求全的心理状态。懒散心态，指旅游者的时间观念更差、团队观念减弱，在旅游活动中会出现自由散漫、丢三落四的现象。求全心理，表现为旅游者在旅游过程中总希望享受到在家中不可能得到的服务，希望旅游活动的一切都是美好的、理想的，从而产生生理上、心理上的过高要求。因而使得其对导游服务更加挑剔，一旦要求得不到满足，就可能产生强烈的反应，甚至会出现过激言行。在旅游活动的这个阶段，最容易出差错，导游人员的工作最难做。这需要导游人员精神高度集中，对任何事不得掉以轻心。

（三）旅游后期对旅游者心理的调节

即将踏上归途时，旅游者的情绪波动较大，开始忙乱起来。他们希望与亲友联系、购买称心如意的旅游纪念品，但又怕行李超重。总之因为个人事务，他们需要更多的个人时间。导游在这一阶段要向旅游者提供更加热情周到的服务，安排好游览活动，活动项目宜精不宜多，但要将其搞得更富感情，更有人情味；旅行结束时做好送行工作，力争锦上添花，给旅游者留下深刻印象。

任务练习

走访当地旅游景区景点，测算游览所需时间与路程花费时间，以小组为单位，对行程安排进行训练。

____

____

____

知识拓展

导游带团经验分享

每次旅游者走后，让你记忆最深刻的不是你挣了多少钱，而是有了多少次美丽的回

忆。带团时,善于利用以下方法,可以帮助你更顺利、更愉快地完成工作任务:

一、利用心理学和生理学知识的指导与旅游者打交道

1. 心理学知识

著名心理学家马斯洛把人的需要分为5个层次,即生理需要、安全需要、社会需要、尊重需要、自我实现需要。旅游者花了钱,希望享受完美的服务,但实际上外出旅游存在许多不确定因素,难免存在不周之处,旅游者的心理难免不平衡。所以,在带团的短短几天里,必须运用心理学知识,科学地对待各种各样的旅游者。在带团中,对刚愎自用的旅游者,只能用坦诚和真诚来打动他;唯唯诺诺的人,你可以接近他;外表坚强的人,可能内心很脆弱,他需要关怀;对多疑的人,要设身处地地表现出比他更加强烈的多疑,你怀疑,我更多疑,会让他的内心更舒服些。在团中遇到感情用事的人,也不用害怕,他来压你,你可以用三步法,即Yes、Maybe、No来回应他。

2. 生理学知识

西医的"三理一化",即生理、药理、病理和生化。团中遇到的生理问题主要有更年期综合征,年龄在45~55岁之间。它又称经前心境恶劣障碍,表现轻的属于亚健康状态。导游此时应了解,要她不发泄是很难的,这是生理上的问题,而不是故意在闹事,应理解和妥善对待。

二、善于利用带团的"二八定律"

意大利经济学家和社会学家巴莱特创造了著名的巴莱特定律——在任何一个整体中,最重要的部分只占约20%的比例,其余80%尽管是多数,却是次要的。"二八定律"中,20%和80%的比例不一定准确,但是它对所有的事情都适用,更适合于旅游团队。无论是公务团还是散客团,20%的旅游者会对导游发牢骚,作为导游,千万注意此时不要厌恶这些"刺头",否则场面无法收拾。20%的旅游者在出团返程时发表了80%赞美你的话,是因为你为全团尽心尽力了。外出旅游涉及方方面面,错综复杂,千变万化,要始终抓住团队中的20%,把住20%的脉搏,在不可预测的情况下,你就可以控制全团,否则,导游就要被这20%牵着鼻子走,处于被动。当然抓住20%,不等于不管另外的80%,要正确处理好20%和80%,就能成功地完成旅行社交布置下来的带团任务。

项目十

导游语言技巧

学习目标

1. 能够描述导游语言的定义、特点，运用原则、交际技巧和讲解方法。
2. 能够在导游讲解中巧妙地运用导游语言的交际技巧和讲解方法。
3. 能够逐渐形成符合自身特点的导游语言风格。
4. 培养学生自主学习，不断探索与创新的服务意识。

任务一 ● 导游语言的特点与风格

内蒙古呼和浩特的一名导游人员在讲解呼和浩特武川县时用了这样的一句开场白："各位团友大家辛苦了！大家终于从四川走到了'武川'，虽说四和五离得不远，但各位却经过好多天的奔波，才来到此，因为此'武川'是文武的'武'，这里虽比不上大家的家乡物产丰富，但它却盛产——皇帝。武川是中国的帝王之乡，为什么这样讲呢？请听我为大家一一介绍。"

这个导游的讲解非常有特点，导游在讲解时巧妙地把旅游者的家乡和当地的地名做了一个音同字不同的联系，使得旅游者感到亲切，同时也有一点幽默的感觉，使枯燥的介绍更加生动。导游在做讲解时不应千篇一律，应根据旅游者的具体情况，适当地做出调整，使自己的讲解更受旅游者欢迎。

导游语言有哪些特点和风格？

任务内容

导游语言是导游服务中的核心，其中，语言表达是导游人员的基本功。导游语言表达的好坏会直接影响导游的服务质量，因此，导游人员在从业之初要养成良好的语言表达习惯。

一、导游语言的定义

导游语言是指导游人员在完成导游工作时所使用的口头语言和书面语言，包括导游人员在工作过程中进行导游讲解、文化传播、与旅游者沟通交流等所使用的口头语言、体姿语言等，还包括为配合导游工作的顺利完成，所使用的导游宣传图册、旅游指南等书面语言。

导游是传播知识、沟通思想和交流情感的广播员，因此，导游语言不同于一般的口语表达，其表达对象特定而又复杂，表述内容丰富多样。分析导游语言的定义，其有以下几点内涵：

1. 针对性

导游语言表达的场合多变、对象复杂、内容丰富是一般语言表达所无法比拟的，因此是针对导游职业的特点和要求而形成的语言。

2. 广泛性

从形式上讲，既有口头语言又有书面语言，还包括体姿语言、面部表情等，如导游的手势；从内容上讲，既有讲解、向导的规范用语，又有服务过程中所需要的交际语言。所以人们常说导游应该“上知天文地理，下晓鸡毛蒜皮”。

3. 复杂性

导游工作构成的复杂，导游在工作中既是讲解景区景点风土人情的“讲解员”，又是负责旅游者食宿、交通安排的“服务员”，因此，导游语言的讲解表达方式多种多样。此外，旅游者来自五湖四海，他们的生活背景不一样，语言背景也不尽相同，导游语言还要根据旅游者的具体情况进行甄别。

二、导游语言的特点

导游语言因导游工作的特殊性而形成，导游在讲解时，既要将所涉及的文化知识如实地讲给旅游者，又不能像教师讲课那样知识性太强，会很枯燥乏味；同时还要照顾到不同文化背景、不同年龄段旅游者的不同需求，将枯燥的知识点生动地讲解出来，因此导游语言应该以准确性、生动性、逻辑性、直观性、创造性等特点为旅游者进行讲解。

1. 准确性

导游讲解的内容必须以事实为依据，客观准确地反映事实，避免使用空洞无物，或言过其实的词语。归纳起来有三方面的“正确”：第一，导游讲解发音正确、清晰，斟词酌句；第二，讲解的内容必须正确；第三，语言的表达必须正确。

2. 生动性

导游口语讲解具有通俗易懂、亲切自然的口语风格。尤其是在描述性语言的使用中，更是要贴近生活，让旅游者觉得亲切。

3. 逻辑性

导游语言的特点

导游讲解既要符合逻辑思维的规律，其语言又要保持连贯性；同时语言表达要有顺序，导游人员应当根据逻辑思维，将要讲的内容分清前后顺序，条理清楚、脉络清晰。

4. 直观性

导游讲解的内容要靠口语表达，而口语声过即逝，为了让旅游者听得清楚、明白，导游人员应采用浅白易懂的口语化语言进行讲解。例如，导游人员在讲解直棂窗时，是这样进行描述的：“直棂窗是汉代自唐代这段时期作为窗格的主要形式出现在建筑上的，而宋代以后，在皇家建筑、官衙建筑上就很少使用了。民间对这种直棂窗格称为‘牛肋巴’窗，这是因为直棂窗格的形状像牛的肋骨一样一条一条地排列着。”

5. 创造性

导游语言中没有固定的讲解方式、讲解要求。每个导游在工作中都会逐渐形成自己的讲解风格，但是，导游人员还通常会根据旅游者的情况，如年龄、经历等，临时性地改变自己的讲解方式和风格，以达到更好的讲解效果。

三、导游语言的风格

导游在长时间的讲解工作中，往往会因为自身的性格特点、个人素养、语言能力等的不同而逐渐形成自己的语言风格。

1. 语言明快——热情奔放性

这类风格的特点是：语言明快、直接、流畅，洋溢着一种具有敬业味道的奔放热情。这种风格的导游人员对旅游者有如火的热情，对所讲的景区也表现出真挚的热爱，让旅游者感受到的就是一种具有较高水准的职业化的解说。要形成这种语言艺术风格并不是那么简单的，如何把握好情感和语言的分寸十分重要，语言既要明快，又要注意含蓄；情感既要奔放，又要注意收敛，否则就显得肤浅、轻飘以及让旅游者感觉到与导游之间关系的疏远。

例如:内蒙古的导游在讲解阴山时,通常会这样介绍:"阴山,位于内蒙古中部,海拔1 500~2 000米,为我国内、外流域重要分界线。南临河套平原。东延为丰镇丘陵,高度下降到1 300米,不少地方有火山熔岩台地。山间盆地为内蒙古重要农业区。阴山以南,是断层陷落后河流冲积而成的平原,海拔1 000米。西部为后套平原,东部叫土默川平原,自清代以来在平原上开辟沟渠,引黄灌溉,形成著名的'塞上谷仓'……此外阴山更是历史上有名的军事防线,兵家必争之地。谁能夺取这道防线的控制权,就有希望直入(北京),陕晋等中原的心脏地带,一统天下,所以历代王朝都不敢忽视这一问题。于是就有了这样的诗句:'秦时明月汉时关,万里长征人未还。但使龙城飞将在,不叫胡马度阴山。'由此可见,阴山在历史上的位置和作用,但这一切都已经成为过去了。现在的阴山山脉自然资源十分丰富……"

这段导游词的介绍条理非常清晰,从阴山的地理、历史角度分别阐述,这种讲解方式的导游一般都比较富有激情,如果只是平铺直叙,难免使人感觉乏味。要想形成这种导游语言的风格,导游要把握好自己的感情,重要的是对讲解内容有激情,还要注意语言要简洁明快。

2. 寓"讲"于乐——诙谐幽默性

这类导游语言艺术的特点是:以浓厚的趣味思想来认识和解释事物,语言中渗透着机智、诙谐,充满活力、富有情趣,蕴藏着一种乐观向上的精神力量,使人听了格外开心且耐人寻味,让人在轻松的氛围中获得知识,了解旅游景点。

例如,某导游人员在讲解骑马的方法时说道:"骑马和开车一样,也有'方向盘','方向盘'就是大家手中的缰绳,往左转拉左侧的缰绳,往右转拉右手边的缰绳,要加速也有'油门',大家双腿夹紧马肚子,马就会加速前进,有朋友会问,'那刹车怎么办?'好说,这刹车不是脚刹,是'嘴刹'您只需要张嘴喊'吁——'"

从以上这段导游词可以看出这位导游是位比较细心的导游,他会把骑马的技术和时下大家都掌握的开车技术联系在一起,打破了一般导游枯燥的介绍方式,用形象的比喻把骑马讲得有声有色,深受旅游者喜爱,想必听了他的讲解会使没骑过马的旅游者顿时觉得特别简单,都会跃跃欲试。

诙谐幽默能为导游服务工作增加闪光点,但是导游应注意使用的场合,同时要注意与当地文化、语言的结合。

3. 娓娓道来——平实稳健性

这类导游语言艺术的风格特点是:言行举止稳健沉静,情感含蓄不外露,遣词造句平实、质朴,不多用修饰手法,只是平平静静地叙述事实,讲解景物,解析事理,显得稳重大方,有与人闲谈般的亲切感。

例如,导游在讲到哈达时,这样介绍:"哈达"是藏语音译,它是用绸或帛制成的一种礼品,也有用布做的。哈达长短不等,一般在50~266厘米;最长的达300~400厘米,被称为"郎翠"的哈达,多用于献佛。哈达两端有拔丝,长约1.5厘米。有的哈达上面还绣着"八宝""云林"等民间花纹。颜色以雪白和浅蓝为主,白的如同白云一抹,蓝的仿佛蓝天一片。使用时,要根据接受者的身份以及和自己关系的远近来选择哈达的长度、色彩和质地。

这种讲解方式，没有什么修饰语，遣词造句很平实，讲解过程不急不缓，引用了一组数字和几个专业术语，能满足旅游者的好奇心和求知欲。但是这种讲解方式如果处理不当，会留给人一种呆板、枯燥的感觉。导游在讲解时，应通过语音、语调、语速的控制，使平淡的讲解增加色彩，使旅游者觉得更加亲切。

在导游工作中，对于新手导游来说，在带团初期不必急着给自己选定什么样的风格，先做到能流畅地、正确地把要讲解的内容讲解清楚，在服务过程中能自如地表达自己的意思，才是关键。在逐渐的成长熟练过程中，大部分导游对业务流程以及讲解知识比较熟练时，再慢慢形成适合自己的讲解风格，这样能很好地掌控团队讲解的节奏和内容。同时，每个导游在带团的过程中的讲解不会千篇一律，导游都应根据旅游者的具体情况在讲解时有所变化。所以说，导游讲解无定式，导游时贵在能“因人而变”。

任务练习

请比较下面两段导游词各属于哪种风格？它们的优点分别是什么？可以用在哪些类型的团队？

1. 各位旅游者，大家好，首先欢迎大家到山西来，我是山西省中国国际旅行社的导游人员，曾有一位高僧这样讲我的名字：许是曾修胜善根，萍水相逢念佛缘。开头的两个字，刚好是我的名字——许萍。今天有缘与各位同行，我非常高兴，希望您的山西之旅圆满，快乐。

资料来源：《幽默导游词》王连义主编，中国旅游出版社

2. 亲爱的团友们，大家晚上好！欢迎来到美丽的×××。首先我做一下自我介绍，我姓×。大家称呼我小×就可以了，小×年龄保密，身高保密，体重保密，唯一不保密的是我的电话号码，大家需要的可以记一下，我的电话是13×××××××××，24小时开机，当您有事时，随时可以找我。我的长相虽说称不上是沉鱼落雁、闭月羞花，但我对工作绝对地认真负责！

____

____

____

任务二 ● 导游语言运用原则

任务描述

某导游人员在讲解骑马的方法时介绍道："骑马和开车一样，也有'方向盘'，'方向盘'就是大家手中的缰绳，往左转拉左侧的缰绳，往右转来右手边的缰绳，要加速也有'油门'，大家双腿夹紧马肚子，马就会加速前进，有朋友会问，'那刹车怎么办？'好说，这刹车不是脚刹，是'嘴刹'，您只需要张嘴喊'吁——'"马就会停下来。

这段导游词是上一节中我们阅读过的，大家思考一下它体现了导游语言的什么原则？

任务内容

导游语言是一种口头语言，有"快、急、难、杂"的特点，在讲解中导游人员往往没有时间去仔细斟酌。然而一名优秀的导游人员却能以准确、礼貌的语言生动形象地进行导游讲解，再加之感情丰富、抑扬顿挫、嗓音甜美，这样的讲解会使旅游者感觉很舒服，是一种美的享受。要成为一名能进行高水平的导游讲解的优秀导游人员，不仅要有扎实的语言功底(汉语、外语)，还要求导游人员在运用语言时能遵循"正确、清楚、生动、灵活"四个原则。

一、正确

正确，即导游语言的规范性，这是导游语言科学性的具体表现，是导游人员在导游讲解时必须遵守的基本原则。

导游语言的正确性主要表现在下述四个方面：

(1)导游讲解的内容必须有根有据，正确无误，切忌胡编乱造。讲解时不能张冠李戴，不得信口开河，讲解的内容必须与游览景点有密切联系。即使是神话传说，也要有本源，不能随意编造。

(2)导游语言的表达必须正确，导游人员在讲解时要正确运用语音、语调、语法，用词造句正确。外语导游人员要避免口音和汉语语法的影响。

(3)导游讲解引用要正确，引用内容与景观要有直接或内含的联系。可以清楚地说明旅游景观的历史、来源、名称等信息，语言表述不能含糊其词，更不能牵强附会。

(4)敬语和谦语有助于传达友谊和感情，但应注意尊重对方的风俗习惯和语言习惯,也要符合自己的职业角色。成语、谚语、名人名言往往能起到画龙点睛的作用,还可使导游讲解的质量提高,使导游人员的谈吐显得高雅,令旅游者产生好感,但要正确、完整、恰到好处地使用。使用俚语要谨慎,一定要了解其正确意义及使用场合。不要滥用高级形容词。

二、清楚

清楚是导游语言科学性的又一体现,讲解清楚,要求导游人员在语言上清晰明白,内容上要围绕主题,深入浅出,通俗流畅,使旅游者听了感到脉络清楚,条理分明。

要求导游人员在导游讲解时要做到以下几点:

(1)思路清晰,逻辑性强。口齿清晰,语言简洁明了,确切达意。

(2)重点突出,主题明确。导游讲解必须围绕主题,重点突出,切莫天马行空,侃侃而谈却不着边际。

(3)交代清楚。文物古迹的历史背景和艺术价值,自然景观的成因及特征必须交代清楚。

(4)语言通俗易懂。讲解时忌用歧义词和生僻词汇,尽量口语短句化、避免使用冗长的书面语,不要满口空话、套话。如遇到中国专用的行政词汇要做适当解释。

三、生动

正确、清楚的导游语言能使旅游者得到正确的信息,生动形象、幽默诙谐的导游语言可以给旅游者带来轻松、愉快和美的享受。语言的生动性不仅要考虑讲话的内容,也要考虑表达方式,还要力求与神态表情、手势动作以及声调等和谐一致。所以,要求导游人员在导游讲解时力求做到:

(1)使用形象化的语言,以求创造美的意境。

(2)使用生动流畅的语言。语言生动流畅才能达意,给人以美感,它是导游讲解成功的基本保证之一。

(3)注重讲解的趣味性,努力使情景与语言交融,激发旅游者浓郁的游兴。

(4)恰当使用修辞手法,如比喻,生动的比喻增添形象性,往往会让人感到亲切。

(5)幽默感。幽默风趣的语言如果运用得当,能对活跃气氛、提高游兴起到很好的润滑作用。它会使导游讲解锦上添花,使听者欢笑、轻松愉快,使气氛活跃,提高旅游者的游兴。遇到问题时,幽默的语言可以使旅游者稳定情绪,保持乐观,忘记(至少暂时忘记)忧愁和烦恼;幽默还是一种处理问题的手段,它可以消除人际关系中的矛盾,可以使人缓解甚至摆脱窘境。

(6)表情、动作的有机配合。在导游讲解时,导游人员的神态表情、手势动作以及声音语调若能与讲解的内容、当时的气氛有机配合,和谐一致,定会产生极佳的效果。

(7)互动式讲解。互动式讲解可以激发旅游者的兴趣,参与到导游讲解中来,使讲解更富有感染力。

四、灵活

导游语言的灵活性体现在导游人员应具备语言的应变能力。根据不同的对象和时空条件决定讲解的多少、内容的深浅、语言的层次、声音的大小等。

灵活既根据不同的对象和时空条件来进行讲解,注意:(1)因人而异;(2)因地而异;(3)因时而异。根据这些原则,在讲解中,导游人员要灵活地使用导游语言,使特定景点的讲解适用于不同的旅游者文化修养和审美观念,满足他们的审美要求,此外,导游词要与旅游者目光所触及的景象融为一体,使旅游者的注意力集中在导游人员的讲解之中,这是衡量导游讲解成功与否的标准之一。

任务练习

以小组为单位,每一个小组拣选一段导游词,要求突出导游语言的运用原则,体会在导游讲解中应该如何遵守这四个原则,提升导游讲解的能力。

任务三 ● 导游语言的交际技巧

任务描述

小李是一名中职生,毕业前夕在某一旅行社实习。在旅行社的委派下,她接待了一个来自上海的30人团队。为了做好接待工作,她做了充分的准备,欢迎辞和导游词都倒背如流,但在实际接待过程中,她背诵的欢迎辞成了旅游者的催眠曲,根本无法提起旅游者的兴趣,小李对此感到非常失落。

为什么小李的精心准备得不到旅游者的认可呢?

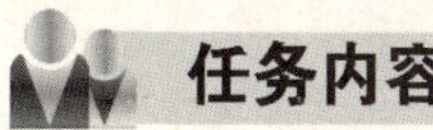

任务内容

常用导游语言的交际技巧分别体现在客我交际的各个环节，导游人员要充分调动言语交际的各种表达技巧，营造和谐融洽的团队气氛，我们针对见面、致辞、交谈和应答等四种交际场合主要来学习称呼、寒暄、介绍、开场白、聊天、劝说、提醒、拒绝、道歉、赞美和安慰等11种常用交际技巧和语言交际的幽默艺术。

一、交际场合之见面——称呼和寒暄

(一)称呼的技巧

1.称呼技巧运用的要求

(1)得体性

得体，就是要根据不同旅游者的身份、不同导游交际场合的特定氛围给予旅游者恰当的称谓。称谓可以视旅游者的具体情况加以灵活变化。如果旅游者属于一个中学生团体，可以直接称呼“同学们”；如果是一个教师旅游团，就可以称呼“老师们”；此外，还有“教授们”“警官同志们”“亲爱的同乡们”(与导游人员是同乡)等。

(2)尊重性

不论对什么文化背景、什么类型的旅游者，不论在正式场合还是在非正式场合，不论导游人员所使用的称谓语是比较正式一些的还是比较随便一些的，都必须充分体现对旅游者足够的尊重，如果把握不好这个分寸，就会导致交际的失败。

(3)通用性

一般情况下，导游交际中的称谓语要注意多使用那些适应范围比较广泛、适应对象比较灵活的称谓语，这类称谓语弹性较大，游刃有余，使导游交际具有更大的回旋余地。如果遇到一些比较特殊的旅游者，导游人员就更要讲究使用一些具有中性特征的称谓语，如“旅游者们”“朋友们”“各位嘉宾”等。

2.称呼技巧的类型

(1)交际关系型的称谓语主要是强调导游人员与旅游者在导游交际中的角色关系。如“各位旅游者”“诸位旅游者”“各位团友”“各位来宾”“各位嘉宾”等。

(2)套用尊称是在各种场合都比较适用，对各个阶层、各种身份也都比较适宜的社交通称。如“女士们、先生们”“各位女士、各位先生”等。

(3)亲密关系式多用于比较密切的人际关系之间的称谓语。如“各位朋友”“朋友们”等。

(二)寒暄的技巧

寒暄,是社交中双方见面时互相问候的应酬话。巧妙的寒暄是准备导游讲解最好的铺垫。在导游交际过程中,导游人员与旅游者见面伊始,都要说上几句应酬话,从而沟通彼此的感情,创造出一种和谐的气氛。寒暄的常见类型有:

1. 问候式

典型的说法是问好。常说的是"你们好!""大家好!"等,这是近几十年来新型的问候语,也是导游交际过程中用得最多的一种问候语。传统问候式主要是指一些貌似提问实际上只是表示问候的招呼语。如:"上哪儿去呀?""吃过饭了吗?""怎么这么忙啊?"等。主要用于熟识的人之间,在导游交际过程中,比较适用于导游人员跟旅游者熟悉以后的问候。具有古代汉语风格色彩的问候语主要有"幸会""久仰"等。

2. 攀亲式

攀亲式问候是抓住双方共同的亲近点,并以此为契机进行发挥性问候,以达到与对方顺利接近的目的。导游人员与旅游者接触时,像"同乡""自己喜欢的地方""自己向往的地方""自己认为的人间好去处"等就是与旅游者攀谈的契机,就能与旅游者"沾亲带故"。如:"大家都是昆明人,我也算是昆明人。我在昆明读了四年书,昆明可以说是我的第二故乡了。"

3. 关照式

关照式寒暄主要是在寒暄时要积极地关注旅游者的各种需求,在寒暄过程中要不露痕迹地解决旅游者的疑问或疑难。

例如:一个旅游团在冬季来北京观光,恰巧遇上了鹅毛大雪,着装、行车、步行、登山等都将受到一定的影响,有的旅游者对在北京的行程安全比较担忧。这时导游人员一定要把握住旅游者的心理状态,不失时机地加以安慰。在启动出行的大巴上进行讲解时就可以不失时机地这样寒暄:"亲爱的朋友们早上好。我想大家一定是很开心,因为北京此时正呈现出难得一见的北国风光、千里冰封、万里雪飘的壮观景象。今天实在是个难得的日子,是我们可以亲自去体验毛泽东主席诗句意境的日子。老天就是这么有眼,我们就是这么幸运,给我们送来飘飘的雪花,那么就让我们快乐地启程,去当一次踏雪登长城的好汉吧!"

该导游人员的寒暄讲的是天气,但又将雪景与旅游者的行程巧妙地结合起来,从而使旅游者减少了对天气变化所带来的担心,情绪慢慢高涨起来。这种寒暄完全是从关照旅游者的心理感受的角度出发的,自然也就容易被旅游者接受。

总之,无论是哪一种类型的寒暄,都要掌握好分寸,要恰到好处。

二、交际场合之致辞——介绍和开场白

(一)介绍的技巧

自我介绍在导游交际过程中是一个十分重要的环节,自我介绍得好,这个导游工作过程就会有一个良好的开端。这就要求导游人员必须很好地掌握介绍的技巧,并且还要进一步考虑在介绍中怎样配合以恰当的眼神、手势、体姿、语气等各种因素,使自我介绍收到理想的效果。

1. 自我介绍的基本要求

(1)镇定自信

清楚地报出自己的姓名,通过用眼神表达出的友善、关怀、愿望等信息来传递自己的自信。

(2)掌握分寸

在自我评价时不宜使用“很”“最”“特别”等程度比较重的词语,不能过度夸奖自己,也不能过度贬低自己,可以采用一些变通的方法,如自谦、自嘲、自识等,通过巧妙地张扬自己,使旅游者对自己有一个良好而且深刻的印象。

(3)注意繁简

根据旅游者关注的重点,注意自我介绍的繁简取舍。一般来讲,导游人员的自我介绍主要包括下列几个基本要素:姓名、年龄、籍贯、必要的带团经历、特长或兴趣等,如有需要,还可以介绍一下导游人员自己的导游资历。

2. 自我介绍的基本方式

一般社交场合,自我介绍的方式主要有自谦型、自信型、紧张型、幽默型四种,在导游交际中也主要采取这四种方式介绍自己。

(1)自谦型

在介绍时采取低调姿态,巧妙地谦虚,使旅游者在不知不觉之中接纳自己。例如:“我叫×××,正在努力学习做一个优秀的导游人员。”其中“努力学习做”与“做”的差别是很微妙的,“努力学习做”是谦虚的,给人以一种积极的态势;只用“做”的话意思就有点满了。

(2)自信型

导游人员在自我介绍时一定要注意表达的语气、词句以及恰当的伴随体态语。有时候,往往可能会因为语气或者动作不当,使导游人员本来充满自信的自我介绍被旅游者理解为自以为是,狂妄不羁。可见导游人员在自我介绍时,怎样用词恰当,使自己显得态度诚恳、彬彬有礼,又避免口出狂言,是要讲究技巧的。

(3)紧张型

紧张型的自我介绍不是导游人员个人心理紧张,而是表现出一种紧张的态势。如

果巧妙运用，导游人员所表现出的诚惶诚恐能在很大程度上赢得旅游者的同情心，参与意识强的旅游者甚至会主动出面，帮助导游人员消除实际上对导游人员来说并不存在的紧张感，这样，反而会使旅游者享受到成功劝解的喜悦。

(4)幽默型

自我介绍时幽默诙谐，妙语连珠，能够很快地创造出一种融洽的交际气氛，有效地缩短导游人员与旅游者之间的心理距离。

全陪入酒店服务

例如：西安国旅分社的一位导游人员曾经这样介绍自己：“朋友们，早上好！当太阳升起的时候，我们踏上了陕西这片沃土，也就是过去的三秦大地。我代表关中人民真诚地欢迎大家。我是国旅西安分社的导游×××。为了让大家对我印象深一些，我先自我分析一下。大家看到我鼻梁两侧的深沟了吧，我一般喜欢朝南站着讲解，所以左鼻沟颜色深一些，这两条沟可以算是泾河和渭河吧。我的众多的抬头纹好像是关中的条条田垄，而我的眼睛长得比较横，嘴唇又很厚，是典型的陕西人。我想2000年前的秦代工匠就是依照我的祖先雕塑兵马俑的吧！就是说，看到了我，就看到了活的世界第八大奇迹——兵马俑。由活动的兵马俑来给大家导游，不仅幸运，而且安全。谢谢大家！”

(二)开场白的技巧

开场白的技巧实际上包括两个方面：一是第一次与旅游者接触时的欢迎辞，二是在讲解每一个具体景点时的导游词的开场白。

1. 欢迎辞

欢迎辞常常是在第一次接待旅游者时开始的，这是留下良好第一印象的重要开场白。欢迎辞的主要内容应该包括向旅游者问好，代表旅行社向旅游者表示欢迎，向旅游者介绍司机和车牌号，自我介绍，简要介绍当地气候等情况，下榻酒店概况，游览活动安排，必要的卫生、饮食、安全、购物等注意事项以及其他必要的内容等。

2. 导游词开场白

导游词开场白从结构的角度划分，可以分为完整式和简略式两类：完整式开场白大致包括问候、寒暄、自我介绍、欢迎、良好祝愿、明确游览目的等内容；简略式开场白至少要有问候、明确游览目的两项。

例1：女士们、先生们：你们好！欢迎大家光临天坛。（自我介绍之后）非常高兴能有机会陪同各位一道欣赏领略这雄伟壮丽、庄严肃穆的古坛神韵。让我们共览这“人间天上”的风采，共度一段美好的时光（徐志长《天坛导游词》）。

这段导游词是比较完整的现场叙述式开场白，包含了问候、欢迎、自我介绍、祝愿、游览目的等诸多内容。

例2：女士们、先生们：大家好！首先，我对各位的到来致以最诚挚的欢迎！各位在来长沙旅游之前，想必已经对湖南有所了解了吧？那么您认为中国现代史上最著名的人物是谁呢？对，毫无疑问是毛泽东同志！那么毛主席在长沙生活期间，最喜欢去的是什么地方呢？就是我们将要到的岳麓山爱晚亭了。好，现在咱们就一块到毛主席“携来百侣曾游”的地方去看看(赵湘军《爱晚亭》)。

此段导游词是比较简略的现场叙述式开场白,虽然简略,但是却利用了名人效应使开场白有声有色、情趣盎然。

三、交际场合之交谈——聊天、劝说和提醒

(一)聊天

在导游交际过程中,聊天是交谈的主要形式,是导游人员与旅游者之间交流思想、融洽感情、增进了解的重要途径。与一般社交聊天不一样的地方是导游人员与旅游者聊天的意图应该是明确的,即以达到协调双方关系、缩短双方心理距离、建立良好的交际基础为基本目的。聊天的技巧主要有以下三个方面:

1. 积极切入

导游人员与旅游者聊天时主要是从对方感兴趣的或者对方关心的话题切入。

2. 随和开放

聊天是双方自觉自愿、平等交流、随和开放的行为,这是进入聊天状态的先决条件。

3. 随机应变

聊天一般有两种类型:一种是意图明确的;另一种是没有明确意图的。对导游交际来说,一般多用前一种。这表明,导游人员应该在两种情形中随机应变。

(二)劝说

1. 劝说的关键

劝服的关键是要保持“双赢”,要把说服的焦点从击败对方转为共同努力击败问题,达到“双赢”。

2. 劝说的方式

(1)迂回式

导游人员有效的劝说要能排除旅游者的顾虑和忧愁,减轻他们的烦恼和不快。例如:两位旅游者因大巴车的座位发生争执,这时导游说:“我们出来旅游是为了休闲度假,只有心情愉快才能达到目的,希望大家开开心心的,不要因为小事影响了自己的心情。”

(2)暗示法

劝说方式可以灵活多变,要根据实际情况采取恰当的策略。例如:车内有一旅游者抽烟引起其他旅游者不满,导游就用手捂着鼻子,对着吸烟的旅游者咳嗽了两声。

(三)提醒

1. 敬语式提醒

敬语式提醒是导游人员使用恭敬礼貌的词语,对旅游者直接进行提醒的方式。导游人员小张大声地喊道:"请后边的旅游者快走一些,我们要去参观下一个景点了。"

2. 协商式提醒

协商式提醒是导游人员以商量的口气间接对旅游者进行提醒的方式,以取得旅游者的认同。某旅游者常常迟到,导游人员小张和蔼地说:"您看,大家已经在车上等您一会儿了,以后是不是可以提前做好出发的准备呢?"

3. 幽默式提醒

幽默式提醒是导游人员用幽默、诙谐而意味深长的词语对旅游者间接进行提醒的方式。导游人员对团队里几个屡劝不听的吸烟鬼说:"无可奈何花落去,似曾相识燕归(烟鬼)来。"旅游车在一段坑坑洼洼的道路上行驶着,旅游者中有人抱怨。这时,导游人员说:"请大家稍微放松一下,我们的汽车正在给大家做身体按摩运动,按摩时间大约为 10 分钟,不另收费。"

四、交际场合之应酬——拒绝、道歉、赞美、安慰

(一)拒绝

在导游工作中,因为旅游者提出的意见、建议和要求既不合理,也不可行,这种情况下导游人员只有不得已地拒绝,但又不能激怒旅游者,所以必须掌握一些拒绝的技巧。

1. 模糊多解式回绝

例如:面对旅游者提出要增加旅游项目这一不可能实现的要求,导游说:"非常理解您想多欣赏美丽风景的心情,如果时间允许的话,我会给大家安排的。"

2. 转移话题式回绝

例如:有旅游者向导游打听旅游产品价格构成,而一般来说这是不能向旅游者透露的。导游听后笑眯眯地说:"我的任务是按合同向旅游者提供标准服务,请问您知道产品销售时的价格构成吗?"

3. 延伸话题式回绝

例如:某旅游者在离开前要把吃剩的半瓶药送给导游,并且说:"这药很贵重,治我的病很管用,送给你做纪念吧。"导游推辞说:"既然药很贵重,对您又管用,送给我这个没病的人太可惜了,还是您自己带回去慢慢用吧。"

（二）道歉

导游人员在工作中最大的愿望就是使旅游者满意。但是，由于种种客观原因，旅游者对导游人员的工作经常会不满意。按照职业道德的要求，凡是碰到这种情况都要无条件向旅游者道歉，以此来消除旅游者的误解和不满情绪，求得谅解，缓和紧张关系。

1. 微笑式道歉

微笑是一种润滑剂，不仅可以对导游人员和旅游者之间产生的紧张气氛起缓和作用，而且也是向旅游者传递歉意信息的载体。如某导游人员回答旅游者关于长城的提问时，将长城说成建于秦朝，在其他旅游者纠正后，导游人员虚心接受了导游者的指正并做出了诚恳的道歉。

2. 迂回式道歉

迂回式道歉是指导游人员在不便于直接、公开地向旅游者致歉时，而采用其他的方式求得旅游者的谅解。例如，某导游人员因为过分关注部分旅游者，而引起其他旅游者的不满。导游人员察觉后，便开始多接触这部分“被冷落”的旅游者。

道歉之自责式

3. 自责式道歉

由于旅游供给方的过错，使旅游者的利益受到较大损害而引起强烈不满时，即使代人受过，导游人员也要勇于自责，以缓和旅游者的不满情绪。

（三）赞美

赞美的技巧的灵活运用会加深旅游者对导游的认同感、信任感，使双方在感情上更融洽。

1. 词真意切

对于赞美的话语，人们最重视的是什么呢？就是真诚，情真意切。赞美时态度要真诚，夸奖要言之有物，切忌陈词滥调、华而不实和虚伪轻浮。

2. 雪中送炭

在旅游者遇到困难或者心情不太愉快的时候，导游人员可以使用这种赞美方式，抓住旅游者的某个特点或某一件事情赞美旅游者，使旅游者获得真诚的鼓励。

3. 直接鼓励

赞美之合乎时宜

比如，一位领导非常准时地按照约定的时间到指定地点集合了，导游人员就应该立刻进行直接性的表扬：“您真是太准时了，领导的时间观念就是强啊，不愧为领导啊。”

4. 合乎时宜

合乎时宜，就是要求赞美与表达时的语境要适合，并且能够选择最佳的表达手段或方式，以取得最佳的赞美效果。

5. 以小见大

导游人员运用显微放大的方式赞美旅游者，有助于进一步发掘旅游者的各种潜能，从而进一步发挥旅游者的积极性,配合导游人员共同顺利地完成游览任务。

(四)安慰

安慰的技巧使旅游者消除烦恼,增强信心,增加旅游的愉悦感。

1. 体贴式安慰

体贴式安慰主要是以情感沟通为主要目的的安慰。在安慰的过程中,导游人员与旅游者的情感沟通十分重要,导游人员感情上的特别关注能够融化旅游者心中的各种消极的感受,从而起到积极的作用。

例如:两位旅游者没有在约定时间到达指定地点集合,全体旅游者等了他们很长时间,当他们最终到来时,有些旅游者会明显地表现出对他们的不满,这往往会使事态往不良的方向发展。这时,细心的导游人员很快就会发现迟到的旅游者不是故意不配合,而是事出有因。这位导游人员很快地就将这两位旅游者迟到的客观原因向其他旅游者做了解释说明,希望大家谅解,并真诚地安慰这两位旅游者说:"在旅程中人生地不熟,会有许多偶然情况发生,你们一定着急死了,我太理解你们现在的心情了。不过忍耐一点,大家的抱怨也是正常的,一定忍着点啊!大家这种不满情绪一会儿就过去了,请你们相信我。"

这种体贴式安慰既使迟到的旅游者受到了极大的感动,又平息了其他一些牢骚满腹的旅游者的过激反应。

2. 允诺式安慰

允诺式的安慰主要是在尽可能的情况下以补偿式的承诺安慰旅游者。允诺式的安慰技巧一般多是在旅行团议定日程或计划中的行程被安排失误等情况下使用。

例如:一艘在长江三峡上航行的游轮因航道问题,使计划中的白天经过神女峰的行程改成夜间通过,因而旅游者们无法领略到向往已久的神女峰的雄姿神韵,遭到旅游者们的非议。当导游人员听说旅行团将改变白天欣赏神女峰的计划时,他立刻找船方交涉。当最终无法改变现状时,就与船方进行谈判,船方终于同意采取一定的补偿措施。导游人员这时就直接向旅游者解释说明真实的情况,并向旅游者承诺:向乘坐该游轮的旅游者无偿赠送包含神女峰风光在内的VCD三峡风光片,另外将次日的晚餐变更为丰盛的晚宴。同时导游再进一步安抚旅游者,说送一盘光碟、一顿好饭是无法补偿漏景之憾的,但因长江水域船舶总协调的原因,船方也是迫不得已才改变计划的。好在来日方长,长江三峡四季的美景各有特点,祝愿朋友们再次畅游三峡,我也盼望着再为各位导游,并且我也一定努力提高导游水准,届时为诸位献上更诚挚的服务。

旅游者们得到了这样到位的安慰,就算还有什么不满意,也能够给予一些理解,也就不太好意思再激烈抨击改变计划一事了。旅游者的情绪稳定了,心态就会比较正常,有些话就能够听进去,就能够愉快地与导游人员配合,这样导游人员的安慰工作就做成功了。

五、语言交际的艺术境界——幽默

幽默可以树立导游的良好形象，增进主客友谊，反击无理提问，避免旅游者不满情绪。

1. 妙用双关

双关就是利用词的同音或多义的特点，使一句话同时带有字面和字外意思。利用双关语反驳对方一般都比较婉转，可以造成一种轻松、幽默的气氛。就餐时，一位旅游者对服务员将鱼头对着自己表示不满。导游见状，赶忙解围说：“您看，这是一条鳜鱼。服务员小姐一定是认为您是今天的贵客。您说，鳜鱼不朝着贵客，朝着谁呢？”

2. 借题发挥

借题发挥就是指为了活跃气氛、增加情趣，故意顺着题目把正经话说成俏皮话。导游在跟旅游团告别时说：“希望下次我仍有荣幸为各位服务，请记得我和我的旅行社爱你们，也爱你们的钱。”

3. 正题曲解

正题曲解是一种通过反逻辑的思维方式，故意讲“正题”曲解，造成笑料的方法。某团队在餐厅就餐，一盘桂花鱼迟迟未上。旅游者不满地问：“桂花鱼还没做好吗？”导游连忙解释说：“不知今天的桂花鱼为什么这么淘气，跑到隔壁的桌上去了，害得你们久盼未到。请大家再耐心多等一会儿，我这就去催催！”

4. 自我解嘲

幽默一直被人们称为是只有聪明人才能驾驭的语言艺术，而自嘲又被称为幽默的最高境界。一位年过 60 的优秀导游这样向旅游者介绍自己：“我整整花了 19 年时间才发现自己没有做导游的天分，但为时已晚。我不能停止导游工作，因为我太出名了，旅游者们太喜欢我这个老头了。”

5. 巧用夸张

夸张式的幽默也是常用的幽默技巧。一个广州的旅游团冬季来哈尔滨太阳岛观光。导游对旅游者说：“这几天出行时，大家一定要穿得暖和些啊，不要让北方刺骨的风雪冻掉了您的下巴呀。”

6. 适时停顿

在导游过程中，导游人员如果能控制好讲解时间，也能达到幽默的效果。导游在讲解一处景点时说：“今天我要给大家讲半个小时”——（停顿）旅游者刚刚要表示不耐烦，导游接着说：“大家是不欢迎的”，旅游者松了口气，“所以，我准备只讲 3 分钟”。

7. 善用歇后语和笑话

歇后语是由两部分组成的一句话，通常只说前一部分，而后一部分隐而不言。例如，“来香港，大家都是大姑娘坐花轿——头一回吧？”“这个‘龙椅’可是纸壳做的，它可是挂历上的花瓶——中看不中用,大家千万别坐上去。""对不起,刚才是我太着急了,但我是小和尚念经——有口无心,请不要介意,请您锥子扎气球——消消气。""这山太高了,好不容易爬上来,累得我是八十岁吹喇叭——上气不接下气呀!"

任务练习

导游人员彤彤受旅行社委派带团赴新、马、泰旅游,当行至泰国时,旅游者李某提出请李文带其到色情场所"见见世面",导游人员彤彤对此要求当即予以拒绝。为此,旅游者李某觉得很没面子,心怀不满,在团里散播有辱彤彤人格的闲话。

请同学们为彤彤设计多种方式表达拒绝的台词。

____

____

____

任务四 ● 导游讲解技巧

任务描述

导游人员在引导旅游者游览青岛时,会用"绿树、红瓦、碧海、蓝天"来概括青岛城市风貌,在引导旅游者游览黄山时,会用"奇松、怪石、云海、温泉"这黄山"四绝"来突出黄山的风光特色;在引导旅游者在云南游览时,会用"美丽、富饶、古老、神奇"来丰富云南旅游资源的内涵;在引导旅游者游览上海时,会用"大、洋、挤、全"四个字来对上海进行总体描述;在引导旅游者游览南京时,则会用"古、大、重、绿"对这个"六朝古都"进行讲解。

导游人员运用哪些讲解技巧,才使这些富有特点的旅游资源最终深刻地印刻于旅游者的脑海当中?

任务内容

导游人员进行讲解时,应当学会使用不同的讲解方法并且融会贯通、交叉运用,弱化导游过程中"导"的痕迹,才能取得良好的讲解效果。下面介绍几种导游工作中常用的讲解方法。

一、概述法

概述法就是用直截了当的语言，简明扼要地介绍参观旅游点概况的讲解方法。这种方法适合于前往旅游景点的途中或在景点入口处的示意图前，导游人员一边指点示意图，一边向旅游者进行旅游景点的概述讲解。此时旅游者游兴正浓，长久的期待就在眼前，导游人员若在入口处长篇大论，会使他们产生不耐烦的情绪。

概述法概述的内容一般包括旅游景点的历史沿革、位置、布局、规模、游览路线、休息位置等。例如，导游人员引领旅游者到岳阳楼游览，在登楼前，可以这样讲解："这就是驰名中外的岳阳楼，它与武昌的黄鹤楼、南昌的滕王阁合称为江南三大名楼，素有'洞庭天下水，岳阳天下楼'的美誉。它原是三国时代东吴名将鲁肃主训练水师的阅兵台，唐代建为岳阳楼，宋代由巴陵县令藤子京主持重修。整个阁楼为纯木结构，重檐灰顶，1984 年落架大修后重新开放。现在楼高 20 米，由四根楠木柱支撑，楼顶就像古代将军的头盔。全楼没有一根铁钉，这在边学、美学、建筑学、工艺学等方面都有杰出的成就。楼内现藏有清代刻的《岳阳楼记》雕屏，大家要想领略'衔远山，吞长江，浩浩荡荡，横无际流'的风光，请随我登楼观赏。"应当注意的是，概述法最好与分段讲解法相结合，才会收到重点突出、繁简有致的效果。

二、分段讲解法

分段讲解法

分段讲解法是指将一处大的景点分为前后衔接的若干部分进行分段讲解的方法。这种方法适用于故宫、颐和园、九寨沟等大型景点的讲解。在使用这种方法时，导游人员一般先要用概述法介绍景点（包括历史沿革、占地面积、欣赏价值等），并介绍主要景观的名称，使旅游者对即将游览的景点有个初步印象，达到"见树先见林"的效果，使其产生"一睹为快"的心理，然后到现场顺次游览。导游人员在讲解这一景区时，注意不要过多涉及下一景区的景物，但要在快结束这一景区的游览时，适当地提一提下一个景区，目的是引起旅游者对下一景区的兴趣，并使导游讲解一环扣一环，环环扣人心弦。这种旅游者边欣赏沿途美景边听导游人员有声有色、层次分明、环环相扣的讲解，定会心旷神怡，获得美的享受。

三、突出重点法

突出重点法

突出重点法是指导游人员在导游讲解时要避免面面俱到，而要突出某一方面的讲解方法。这种方法可以给旅游者留下深刻的印象。一处景点，需要讲解的内容很多，导游人员应根据不同的时空条件和讲解对象区别对待，要有的放矢，做到轻重搭配，详略得当，重点突出。导游讲解时应突出下述四个方面：

（一）突出代表性的景观

游览规模大的景点，导游人员必须做好周密的计划，明确要重点介绍的景观。这些景观既要有自己的特征，又能概括全貌。到现场游览时，导游人员主要讲解这些具有代表性的景观。

（二）突出与众不同之处

旅游资源是否具有吸引力主要在于其独特性。导游讲解的重点应放在景点的与众不同之处并尽力突出。中国佛教寺院甚多，但同为佛教寺院，其历史、宗派、规模、结构、建筑艺术、供奉的佛像等各不相同，导游人员在讲解时应突出介绍其独特之处，以有效吸引旅游者的注意力，避免旅游者产生雷同的感觉。

（三）突出旅游者感兴趣的内容

旅游者的兴趣爱好各不相同，但从事同一职业的人、文化层次相同的人往往有共同的爱好。导游人员在研究旅游团的资料时，要注意旅游者的职业和文化层次，以便在游览时重点讲解旅游团内大多数成员感兴趣的内容。投其所好的讲解方法通常能产生良好的导游效果。如，参观一座博物馆，导游人员可将讲解的重点或放在青铜器上，或突出陶瓷，或侧重碑林，一切视博物馆的特色和旅游者的兴趣而定，避免蜻蜓点水式的参观、讲解方式。

（四）突出"……之最"

导游应重点讲解景点最突出的方面，导游人员可依据实际情况用最大、最小、最高、最长、最古老等内容吸引旅游者，激发他们的游兴。这些"之最"可以是世界之最，也可以是中国之最、本地之最。但在使用这种方法时，必须实事求是，要有根据，绝不能无中生有，也不要张冠李戴。

四、触景生情法

触景生情法

触景生情法就是见物生情、借题发挥的一种导游讲解方法。这种方法有两层含义：其一是导游人员不能只就事论事地介绍景物，而是要借题发挥，利用所见景物使旅游者产生联想，多用于沿途导游中。其二是导游讲解的内容要与所见景物和谐统一，使其情景交融，让旅游者感到景中有情，情中有景。如，当旅游团前往内蒙古大草原进行参观游览时，看到公路两边已经出现广阔的草原或出现白色的蒙古包时，导游人员就可以讲解草原上蒙古族人民的生活，包括他们的衣、食、住、行；同时，导游人员也可以提到草原生态环境的现状，在引起旅游者无限向往的同时，也能增强他们对于生态环境的保护意识。

五、虚实结合法

虚实结合法是指在导游讲解中将典故、传说与景物介绍有机结合，即编织故事情节的导游方法。就是说，导游讲解要故事化，以求产生艺术感染力，使现场气氛轻松愉快。这种方法多在名胜古迹、名山大川、园林景观的导游讲解中运用。

虚实结合法

“实”就是实景、实物、史实、艺术价值等；“虚”就是与实景、实物有关的民间传说、福州故事、轶闻趣事等。导游人员在讲解时，必须将“虚”与“实”有机结合，以“实”为主，以“虚”为辅，“虚”为“实”服务，以“虚”烘托情节，并以“虚”加深“实”的存在，努力将无情的景物变成有情的导游讲解。

在中国，几乎每个景点都有一个美丽的传说，如三峡风光中有神女峰的故事、九寨沟有动人的爱情佳话、杭州西湖有“西湖明珠自天降，龙飞凤舞到钱塘”的民间传说等。

六、问答法

问答法是指导游人员在讲解时，通过问答来传播知识的一种讲解方式。优点是可以集中旅游者的注意力，激发他们的兴趣，活跃讲解时的气氛，加深旅游者对游览景点的印象，使旅游者获得参与的兴奋感和成功的愉悦感。问答法有多种形式。

（一）自问自答

自问自答是导游人员自己提出问题并做适当停顿，让旅游者猜想，但并不期待他们回答，只是为了吸引旅游者的注意力，促使他们思考，激起他们的兴趣，然后做简洁明了的回答或生动形象的介绍，给旅游者留下深刻印象。

（二）客问我答

问答法

客问我答有两种情况：一是旅游者主动提问，导游人员被动回答；二是导游人员引导旅游者提问，然后进行回答。旅游者的提问可能千奇百怪、不着边际，一般来说，导游人员应该认真地对待旅游者的提问，不管他们的问题高深莫测，还是幼稚可笑，都说明他们融入了游览的氛围中。在回答旅游者的问题时，导游人员应把握两点：一是不要打乱自己的思路，不要让旅游者的提问冲击自己的讲解；二是避免自己不耐烦，只是自顾自地讲解，不管旅游者的问题，或对他们的问题不屑一顾。有经验的导游人员能把讲解和问答有机地结合在一起，掌握旅游者提问的一般规律，总结出一套相应的客问我答的导游技巧，以收到问答自然、浑然一体的效果。

（三）我问客答

为提高旅游者的参与意识，导游人员在导游讲解中应适当地设计一些由旅游者回答的问题,但问题要提得恰当,不能太难,估计他们不会毫无所知,也要估计到会有不同的答案。导游人员要诱导旅游者回答,但不要强迫他们回答,以免造成尴尬。旅游者的回答不论对错,导游人员都不应打断,更不能笑话,而要给予鼓励。最后由导游人员讲解。

七、制造悬念法

制造悬念法就是导游人员在导游讲解时提出令人感兴趣的话题,但故意引而不发,激起旅游者急于知道答案的欲望,使其产生悬念的导游方法,俗称"吊胃口""卖关子"。通常是导游人员先引出话题或提出问题,但不告之下文或暂不回答,让旅游者去思考、去琢磨、去判断,最后才讲出结果。这是一种"先藏后露、欲扬先抑、引而不发"的方法,一旦"发(讲)"出来,会给旅游者留下特别深刻的印象,而且导游人员可以始终处于主导地位,成为旅游者注意的中心。

制造悬念法

制造悬念是导游讲解的重要方法,在制造气氛、提高旅游者游兴、强化导游讲解效果方面往往能起到重要作用,所以导游人员一般都比较喜欢使用。但是再好的导游方法也不能滥用,"悬念"更不能乱造,以免起反作用。

八、类比法

类比法就是以熟喻生,达到类比旁通的导游讲解方法。导游人员在导游讲解过程中用旅游者熟悉的事物和眼前的景物相比较,定会使旅游者感到亲切,便于他们理解,从而达到事半功倍的导游效果。

(一)同类相似类比

类比法

同类相似类比即将相似的两物进行比较,如将呼和浩特的中山路比作北京的王府井大街、上海的南京路、成都的春熙路;把上海的城隍庙比作日本东京的浅草。

(二)同类相异类比

同类相异类比即将同类的两种事物比出规模、质量、风格、水平、价值等方面的不同。如,游览故宫时,导游人员一般都会讲到康熙皇帝,但旅游者大都不知道他是哪个时代的中国皇帝。但导游人员可以对法国人说康熙与路易十四同一时代,对俄国人说他与彼得一世同一时代,还可再加上一句,说他们在本国历史上都是很有作为的君主。这样的介绍便于旅游者认识康熙,旅游者也会很高兴。正确运用类比法,可以加深旅游者对景物和人物的认识,提高导游讲解的层次,而不适宜的对比,则会招来旅游者的耻笑。

九、画龙点睛法

画龙点睛法是在一般讲述的基础上用凝练的词句概括出所游览景点最精彩、最有特色之处的导游方法。这种方法能给旅游者留下突出印象。旅游者边听导游讲解边观赏景物，既看到了“林”，又欣赏了“树”，一般都会有一番议论，导游人员在这时可做适当总结，以简练的语言，甚至几个字来点出景物的精华之所在，帮助旅游者进一步领略其独特之处，使他们获得更高的精神享受。导游人员在引导旅游者游览青岛时，会用“绿树、红瓦、碧海、蓝天”来概括青岛的城市风貌；在引导旅游者游览黄山时，会用“奇松、怪石、云海、温泉”这黄山“四绝”来突出黄山的风光特色；到内蒙古鄂尔多斯来旅游时，导游人员会用“扬眉吐气”（羊、煤、土、气）来总结当地的物产资源。

画龙点睛法

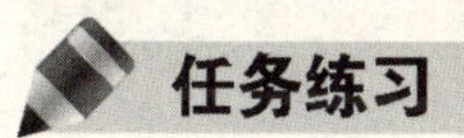

请比较下面两段导游词各属于哪种讲解方法？它们的优点分别是什么？可以用在哪些类型的团队？

1. 各位朋友，我们现在已经在西湖开始了我们的西湖游。大家现在有没看到湖中3个石塔，那就是三潭印月的三潭。可以说三潭印月是杭州的标志性经典，就连人民币的一元钱的背面都是三潭的图案。整个杭州有三大赏月胜景，最著名的就是三潭印月和平湖秋月。如果说平湖秋月是水中观月，那三潭就是透风漏月。每当夏秋黑夜，在3个石塔内点上蜡烛，用当时杭州盛产的绢丝封住石孔，烛光从3个谭中的圆孔中透出，远远看上去就像湖面上有很多个小月亮倒映，形成印月奇观。其实现在的三潭早已不是原来的三潭，也不在原来的地方。三潭原是苏东坡所造，当时的位置是在现在苏堤的望山桥左侧，压堤桥左侧，东浦桥左侧，形成一条直线。后规定三塔以内不准种植菱藕，以防止湖泥淤积。杭州有非常有名的特产——西湖藕粉，西湖藕粉在宋朝时期是贡品，外地人都想买，所以杭州人人都种藕。南宋时期马远命名为三潭印月。后来到了明朝，3个石塔被毁。直到明万历时，杭州县令聂心汤想在西湖里建个放生池，于是就发动民工疏浚西湖，把挖出的淤泥堆积成一个小岛，就是大家现在所看到的小瀛洲，它也是西湖三个岛中最大的一个。后来为了恢复三潭印月，就在湖中重建了三塔。

2. 少林寺的导游在介绍少林寺塔林时说：“当年乾隆皇帝游历少林寺时带了500名侍从也没能查清楚少林寺到底有多少座塔！”说到这里，停下来，给旅游者留下一个问题，“大家想一想，到底有多少座塔呢？为什么500个人都没有数清楚呢？”

____

____

____

如何练就导游语言

1. 语言规范。不论是普通话、方言和外语,语言必须规范,语调自然,发音标准。
2. 口齿清楚。语言要清晰清楚,不打混。
3. 声音洪亮。声音要洪亮,不是轻声细语,也不是噪噪如雷。
4. 用语恰当。语言词汇要丰富,用词要准确恰当。
5. 语句流畅。语言要洗练流畅,不哼哼哈哈,语速中等,语气诚恳。
6. 态度和蔼。对旅游者真诚、热情、态度和蔼。
7. 合乎礼仪。姿势得体,手势恰当,合乎社会礼仪。
8. 无口头禅。导游人员讲话不能有口吃,不要有口头禅和不良习惯,注意语言美。

项目十一

导游业务相关知识

学习目标

1. 能够清晰描述出入境、航空、铁路、公路、水路、货币、保险与财务结算方面的相关知识。

2. 能够运用所学知识解决旅游者的具体问题。

3. 培养学生服务意识、安全意识，确保旅游团活动顺利进行。

任务一 ● 出入境知识

任务描述

近年来，中国公民出境游越来越火热，领队带旅游团去各国旅游也成为常态化工作。作为领队，应该掌握哪些出入境知识呢？

任务内容

一、有效证件

1. 护照

护照是一国主管机关发给本国公民出国或在国外居留的证件，证明其国籍和身份。护照一般有外交护照、公务护照和普通护照三种。有的国家向团体出国人员（旅游团、体育团队、文艺团体等）发放团体护照。

在中国，外交、公务护照由政府外事部门颁发，普通护照由公安部门颁发。2007 年 1 月 1 日起施行的《中华人民共和国护照法》规定，我国公民护照有效期以 16 周岁为界：16 周岁以下公民的护照有效期为 5 年，16 周岁以上公民的护照有效期为 10 年。

2. 签证

签证是一国主管机关在本国或外国公民所持的护照或其他旅行证件上签注、盖印，表示准其出入本国国境或过境的手续。

签证分外交签证、礼遇签证、公务签证、普通签证等，还分为入境签证、入出境签证、出入境签证和过境签证等。旅游签证属于普通签证，在中国为“L”字签证（发给来中国旅游、探亲或因其他私人事务入境的人员），签证上规定持证者在中国停留的起止日期。

9 人以上的旅游团体可发放团体签证。团体签证一式三份，签发机关留一份，来华旅游团两份，一份用于入境，一份用于出境。

我国的签证有许多代号，这些代号的签发对象分别是：

(1) C：表示持证人为乘务人员等的签证；

(2) D：表示来华定居者的签证；

(3) F：表示来华经商或访问者的签证；

(4) G：表示过境者签证；

(5) L：表示来华旅游或探亲者的签证；

(6) X：表示来华学习时间在半年以上者的签证；

(7) Z：表示来华工作或就业者的签证；

(8) W：表示签发给驻华外交机关或领事机关成员的签证；

(9) 常驻记者签证（J－1 签证）；

(10) 临时记者签证（J－2 签证）。

3. 港澳居民来往内地通行证

港澳居民来往内地通行证是港澳居民出入内地的旅行证件，和在内地住宿、居留、旅行的身份证件。此证由公安部委托香港地区、澳门地区中国旅行社受理申请，授权广东省公安厅审批、签发。18 岁以下港澳居民申领的通行证有效期 3 年,18 岁以上为 10 年。

4. 台湾居民来往大陆通行证

台湾居民来往大陆通行证是台湾居民回祖国大陆探亲、旅游的证件,经口岸边防检查站查验并加盖验讫章后,即可作为台湾居民进出祖国大陆和在内地旅行的有效身份证明。

5. 内地居民往来港澳通行证

经批准前往香港、澳门的内地公民,由公安机关出入境管理部门发给往来港澳通行证,有效期为 5 年,可以延期 2 次,每次不超过 5 年。持证人应当在规定的时间内前往并按期返回。

6. 大陆居民往来台湾通行证

2008 年开始,发放大陆居民往来台湾通行证,作为大陆居民到台湾旅行的身份证明。大陆居民往来台湾通行证适用于一次性前往台湾的旅游者。

二、入境

(一)入境检验

外国人来华旅游,华侨、香港和澳门特别行政区居民以及台湾同胞到祖国内地旅游,中国公民到境外旅游返归,都必须在指定的口岸边防检查站(由公安、海关、卫生检疫三方组成)交验有效证件,境外旅游者还需填写入境卡,经边防检查站核准加盖验讫章后方可入境。

(二)入境卫生检疫

外国人进入中国,应根据国境检疫机关的要求如实填报健康申明卡,传染病患者隐瞒不报的,按逃避检疫论处,一经发现禁止入境;已经入境者,须让其提前出境。

来自传染病疫区的人员须出示有效的有关疾病的预防接种证书(俗称"黄皮书");无证者,国境卫生检疫机关将从他离开感染环境时算起,实施 6 日的留验。

来自疫区,被传染、污染或可能成为传染病传播媒介的物品,须接受卫生检疫检查和必要的卫生处理。

(三)不准入境的几种人

1. 有下列情况之一的,外国人不准进入中国

(1)被中国政府驱逐出境,未满不准入境年限的;

(2)被认为入境后可能进行恐怖、暴力、颠覆活动的;

(3)被认为入境后可能进行走私、贩毒、卖淫活动的；

(4)患有精神病和麻风病、艾滋病、性病、开放性肺结核等传染病的；

(5)不能保障其在中国境内所需费用的；

(6)被认为入境后可能进行危害我国国家安全和利益的其他活动的。

2. 中国边防检查站有权阻止其入境的几种人

(1)未持有效护照、证件或签证的；

(2)持伪造、涂改或他人护照、证件的；

(3)拒绝接受证件查验的；

(4)公安部或者国家安全部通知不准入境的。

(四)外国旅游者在中国境内的权利和义务

中华人民共和国宪法总纲明确指出："中华人民共和国保护在中国境内的外国人的合法权利和利益。在中国境内的外国人必须遵守中华人民共和国的法律。"

(1)在中国境内，外国旅游者享受合法权益和人身自由不受侵犯的权利；但必须遵守中国的法律，不得进行危害中国国家安全、损害公益事业、破坏公共秩序的活动，违法者将按情节程度接受中国法律的制裁。

(2)外国旅游者在签证有效期内可在中国对外开放地区内自由旅游，但必须尊重旅游地区的民风习俗。

(3)外国旅游者若希望去不开放地区旅游，须事先向所在市、县公安局申请旅行证件，获准后方可前往，未经允许不得擅自闯入非对外开放地区旅游。

外国旅游者申请旅行证件须履行下列手续：

(1)交验护照或居留证件；

(2)提供与旅行事由有关的证明；

(3)填写旅行申请表。

(五)香港、澳门特别行政区旅游者和台湾同胞在祖国大陆住店以及购买机票、车票和船票，享受与祖国大陆居民同等待遇，可自由去各地参观、旅游

三、出境

(一)外国旅游者出境

外国旅游者应当在签证准予停留的期限内从指定口岸出境，并向口岸边防检查站交验有效护照或其他有效身份证件，填写出境卡，加盖出境验讫章后出境。

1. 属于下列情况之一的外国旅游者不准出境

(1)刑事案件的被告人和公安机关、人民检察院或人民法院认定的犯罪嫌疑人；

(2)人民法院通知有未了结民事案件的；

(3)有其他违犯中国法律的行为尚未处理，经有关主管机关认定需要追究的。

2. 属于下列情况之一的旅游者，边防检查机关有权限制其出境

(1)持无效出境证件的；

(2)持伪造、涂改或他人护照、证件的；

(3)拒绝接受证件查验的。

(二)中国旅游者出境

(1)中国旅游者出境也须向我国口岸边防检查站交验有效护照和前往国家和地区的签证。

(2)赴港澳地区须提交内地居民往来港澳通行证。

(3)赴台湾地区须提交大陆居民往来台湾通行证。

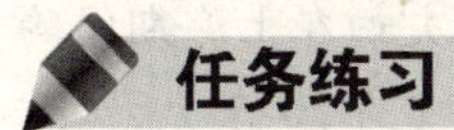

任务练习

一、单选题

1. (　　)人以上的旅游团可发给团体签证。

A. 9　　B. 10

C. 11　　D. 12

2. 18 岁以上港澳居民申领的港澳居民来往内地通行证有效期为(　　)。

A. 3 年　　B. 5 年

C. 10 年　　D. 20 年

3. 来自传染病疫区的人员，无法出示有效的有关疾病的预防接种证书者，国境卫生检疫机关将从他离开感染环境时算起，实施(　　)日的留验。

A. 6　　B. 8

C. 10　　D. 14

二、多选题

1. 口岸边检站由(　　)等组成。

A. 公安　　B. 工商

C. 海关　　D. 卫生检疫

E. 税务

2. 外国旅游者申请旅行证件须履行(　　)等手续。

A. 交验护照或居留证件　　B. 提供与旅行事由有关的证明

C. 提供订购的机票　　D. 提供预订酒店的证明

E. 填写旅行申请表

3. 边防检查机关有权限制其出境的旅游者有(　　)。

A. 持无效出境证件的　　B. 持伪造、涂改或他人护照、证件的

C. 拒绝接受查验证件的　　D. 携带我国文物的

E. 携带巨额现金的

任务二 ● 交通知识

任务描述

小李所带的旅游团返程机票是打折的普通舱机票。其中有一对夫妇在上海期间购买了许多服装和特产。返程办理登机手续时,因他们随身携带物品重为50千克,工作人员要求其补交超标运费。二人认为他们携带的物品不超标,是机场工作人员故意与他们过不去,遂与机场的工作人员争吵起来。经机场工作人员耐心地向他们介绍了机场的有关规定后,夫妇二人才心服口服地补交了运费,登上了返程的飞机。

请问,作为该团的导游小李,她应该提前告知旅游者哪些关于乘机的知识?

任务内容

一、航空客运知识

(一)航空旅行常识

1. 航班

民航运输飞行主要有三种形式:

(1)班期飞行:是按照班期时刻表和规定的航线,定机型、定日期、定时刻的飞行。

(2)加班飞行:是根据临时需要在班期飞行以外增加的飞行。

(3)包机飞行:是按照包机单位的要求,在现有航线上或以外进行的专用飞行。

此外,还有不定期航班与季节性航班。

2. 班次

班次是指在单位时间内(通常以一周计算)飞行的航班数(包括去程航班和回程航班)。班次是根据运量需求和运能来确定的。

(二)机票

1. 机票订购

(1)购票。购买机票需要出示有效证件,填写旅客订座单。中国居民需出示本人的身份证;外国人要出示护照;台湾同胞要出示台湾同胞旅行证明;港澳地区居民要出示回乡证。现在的机票一般为电子客票,票面费包括票价、机场建设费和燃油税。

(2)国内客票。国内客票分为成人客票和儿童客票。成人客票的价格为全额价格;儿童客票的价格根据儿童年龄的不同按照成人客票价格的一定比例计算。未满2周岁的婴儿,按成人全票价的10%付费,但不得单独占一座位,每位成人旅客只能有一个婴儿享受这种票价;已满2周岁未满12周岁的儿童,按成人全票价的50%付费;年满12周岁的少年,按成人全票价付费。购买儿童票时,应提供儿童、婴儿出生年月的有效证件,如出生证、户口簿等。

(3)机票规定。机票只限机票上所列姓名的旅客使用(姓名需与有效证件上一致),不得转让和涂改,否则机票无效,票款不退。

(4)机票有效期。正常标价的机票有效期为一年。特种票价的客票和有折扣的普通票价客票的有效期,按该票价有关规定计算。

乘机的注意事项

2. 座位再证实

机票分为OK票和OPEN票。OK票指已订妥日期、航班和机座的机票;OPEN票指不定期机票。持OK票的旅客若在该联程或回程站停留72小时以上,国内机票须在联程或回程航班起飞前两天中午12时以前,国际机票须在航班起飞前72小时办理座位再确认手续,否则原定座位不予保留。持OPEN票的旅客乘机前须持机票和有效证件去民航办理订座手续。

3. 变更与退票

(1)变更。旅客购票后,如果要求改变航班、日期、舱位等级,请尽早通知航空公司,航空公司应根据实际情况积极办理。

(2)退票。一般是起飞前24小时收5%的退票费,起飞前24以内2小时以前收10%的退票费,起飞前2小时以内收20%的退票费,其他规定见航空公司退票明细表。在航班规定离站时间后要求退票,按误机处理。

4. 乘机与误机

(1)乘机。旅客必须在规定的时间到达指定的机场,凭机票、有效的护照、签证及旅行证件办理乘机及出境等各项手续。航班规定离站前30分钟停止办理乘机手续。

(2)误机。就是旅客没有按照客票上注明的日期、航班乘机。一般发生误机后,客票作废,票款不退。一旦发生误机事故,应做如下处理:

①误机旅客最迟应在该航班离站后的次日中午12时(含)以前,到乘机机场的承运人乘机登记处、承运人售票处或承运人地面服务代理人售票处办理误机确认。

②已办理误机确认的旅客,如要求改乘后续航班,可在上述地点或原购票地点办理

变更手续,承运人应在航班有可利用座位的条件下予以办理,免收误机费一次;但持有的机票如在航班规定离站时间前 72 小时以内变更过航班、日期,旅客应交付客票价 5% 的误机费。

③未办理误机确认的旅客,如果要求继续旅行,应交付客票价 20% 的误机费。旅客误机变更后,如果要求再次改变航班、日期,应交付客票价 50% 的变更手续费。旅客误机或误机变更后,如果要求改变承运人,按自愿退票的规定办理,应交付客票价 50% 的误机费。旅客误机或误机变更后,如果要求退票,也按自愿退票规定办理,应交付客票价 50% 的误机费。

(三)行李的规定

1. 免费行李额

持成人票或儿童票的旅客,每位免费行李额(包括托运和自理行李)为:头等舱 40 千克,公务舱 30 千克,经济舱 20 千克。持婴儿票的旅客,无免费行李额。

2. 不准作为行李运输的物品

不准作为行李运输的物品:易燃、易爆、腐蚀、有毒、放射性物品、可聚合物质、磁性物质及其他危险物品。旅客乘坐飞机不得携带武器、利器和凶器;禁止携带动物;食品有时也会被禁止携带。

3. 不准在托运行李内夹带的物品

不准在托运行李内夹带的物品:重要文件和资料、外交信袋、证券、货币(不得夹带大量现金)、汇票、贵重物品、易碎易腐物品,以及其他需要专人照管的物品。承运人对托运行李内夹带上述物品的遗失或损坏按一般托运行李承担赔偿责任。

二、铁路客运知识

(一)旅客列车种类

旅客列车分高速动车组列车(G 字头)、城际动车组列车(C 字头)、普通动车组列车(D 字头)、直达特快旅客列车(Z 字头)、特快旅客列车(T 字头)、快速旅客列车(K 字头)、临时旅客列车(L 字头)、临时旅游列车(Y 字头)、城郊专运客车(S 字头)、普通旅客快车(1001 - 5998)、普通旅客列车(6001 - 7598)等。

车次的编制和上行下行有关,铁路规定进京方向或是从支线到干线被称为上行,反之离京方向或是从干线到支线被称为下行。上行的列车车次为偶数(双数),下行的列车车次为奇数(单数)。

(二)火车票

1. 火车票的类别

火车票,是铁路运输合同的基本凭证,是旅客乘坐火车需要出示的票据。火车票的票面包含七要素:车次、始发站与终点站、座位等级、车厢和座位号、开车时间、票价、有效期等。火车票中包括客票和附加票两部分。客票部分为软座、硬座;附加票部分为加快票、卧铺票、空调票。附加票是客票的补充部分,除儿童外,不能单独使用。为了优待儿童、学生和伤残军人,中国铁路还发售半价票。

目前,铁路部门发售的纸质车票,主要包括:

(1)红色底纹的计算机软纸车票。

(2)浅蓝色底纹的计算机磁介质车票。

(3)由铁路站车工作人员手工填写、规定格式的代用票。

在中国铁路客户服务中心网站 http://www.12306.cn 购票且乘车站和下车站均具备二代居民身份证检票条件的,旅客可以凭购票时所使用的二代居民身份证原件直接通过车站自动检票机(闸机)办理进、出站检票手续。

乘坐京津城际、广深铁路动车组列车的旅客可以购买铁路乘车卡,并凭此卡进站、乘车。目前已经发行的有京津城际铁路快通卡、广深铁路快通卡和广深铁路牡丹信用卡三种。

2. 儿童票

儿童乘火车时按照其身高购买相应的火车票。身高超过 1.5 米的儿童,须购买全价票;身高在 1.2 米~1.5 米之间的儿童,可随同成年人购买座别相同的半价客票,但行程不得超过随同的成年人的到站地点;每位成年旅客可免费携带一名身高在 1.2 米以下的儿童,超过一名时,超过的人数应购买儿童票;身高不足 1.2 米的儿童单独占用卧铺时,须购买全价卧铺票,有空调时还应购买半价空调票。

3. 卧铺票

卧铺票分为硬卧和软卧。持卧铺票的旅客,提前乘坐其他列车到中途站时,应另行购买始发站至中途站的车票。如在列车开车 1 小时后卧铺仍无人使用时,列车长可将该铺另行出售。持票旅客再来卧铺时,应尽量安排同等席别的其他铺位,没有空位时,应编制客运记录交予旅客,由到站退还卧铺票价,核收退票费。为了维护卧铺车厢的正常秩序,每个卧铺只能为持票本人使用。成人带儿童或两个儿童可共用一个卧铺。

4. 站台票

进站接送旅客的人应购买站台票。站台票当日使用,一次有效。

5. 改签与退票

一张车票只能办理一次改签。车票改签后,旅客取消旅行的,可以按规定退票,但因特殊情况在开车后改签的车票不予退票。退票规定:

(1)列车在发站开车前,特殊情况也可以在开车后2小时内,退还全部票价;团体旅客必须在开车48小时以前办理。

(2)在购票地退还联程票和往返票时,必须于折返地或换乘地的列车开车前5天办理,在折返地或换乘地退还还未使用的部分车票时,按本条第(1)项办理。

(3)旅客开始旅行后不能退票,但如因伤、病不能继续旅行时,经中途区间站及列车证实,可退还已收票价与已乘区间票价差额。已乘区间不足起码里程时,按起码里程计算,同行人同样办理。

(4)退还带有"行"字戳记的车票时,应先办理行李变更手续。

(5)站台票售出不退。

(三)行李的规定

免费携带行李的重量及尺寸的规定:儿童—10千克;外交人员—35千克;其他旅客—20千克;物品的长宽高之和:最大不超过160厘米;杆状物品的长度不超过200厘米,重量不超过20千克;乘坐动车组列车物品外部尺寸长、宽、高之和不得超过130厘米,重量不超过20千克;残疾人旅行时代步的折叠式轮椅可免费携带并不计入上述范围。

凡是危险品、国家限制运输物品、妨碍公共卫生的物品、动物以及损坏或污染车辆的物品都不能带入车内。在保证安全和卫生的条件下,可携带下列物品:安全火柴2小盒,普通打火机2个;不超过20毫升的指甲油、去光剂、染发剂。冷烫精、摩丝、发胶、杀虫剂、空气清新剂等自喷压力容器不得超过120毫升;军人、武警、公安人员、民兵、射击运动员等人员携带枪支子弹的,按照国家法律、法规有关规定办理,并严格执行枪弹分离等有关枪支管理规定。

三、公路客运知识

(一)公路旅行常识

1. 公路客运的种类

公路交通是最普遍、最重要的短途交通方式,是其他交通方式不可缺少的联运方式。用于公路交通的营运客车分为客车和轿车(如出租车),其中客车按照车身长度可分为大型客车(车身长度>9米)、中型客车(6米<车长≤9米)和小型客车(车长≤6米)三种;按照舒适程度可分为普通客车和豪华客车两种。

2. 公路旅游交通的优缺点

公路旅游交通是一种机动灵活、简捷方便的运输方式。在短途旅行中,它比铁路、航空运输具有更大的优越性,尤其在实现"门到门"的运送服务中,其重要性更为显著。尽管其他各种运输方式各有特点和优势,但或多或少都要依赖公路运输来完成最终两端的运输任务，例如铁路车站、航空机场和景区的旅游者集疏运送服务都离不开公路运输。公路交通适于近距离运送服务，而且近距离运送服务费用较低；公路建设具有投资少、见效快、工期短等优点。

公路旅游交通也具有一定的局限性：长距离旅游运送服务费用高；易污染环境；活动范围受限；安全性能差；运载量小；受气候影响变化大。

（二）汽车票

1. 购票

（1）根据儿童的身高购票：超过1.5米的儿童购买全价票。

（2）儿童票的规定：儿童身高为1.2～1.5米的，须购买儿童票（半价客票）。

（3）免票儿童的规定：一名成年人旅客可以免费携带一名身高不足1.2米的儿童，如果超过一名时，超过的儿童应购买儿童票。

2. 退票

（1）离开车时间2小时前办理退票，按票面额10%计收退票费；

（2）2小时以内办理退票，按票面额20%计收退票费；

（3）1小时内办理退票，按票面额50%计收退票费；

（4）班车开车1小时后不办理退票。

（5）退票费是由于旅客自身原因退票才收取，如果是由于天气等客观原因造成的班车延误，旅客退票，则不收取退票费。

（三）行李的规定

旅客随身携带乘车的物品，每一张全票可免费携带10千克；体积不能超过0.02立方米，长度不能超过1.8米。超过规定时，其超过部分按规定收费；占用座位时，按实际占用座位数购票。

四、水路客运知识

（一）水路旅行常识

我国水路交通可为内河航运和沿海航运两大类。航行在沿海和江湖上的客轮大小不等，船上的设备差异很大。大型客轮的舱室一般分五等：一等舱（软卧1～2人），二等舱（软卧2～4人），三等舱（4～8人），四等舱（硬卧8～24人）和五等舱（硬卧），还有散席（包括座席）。豪华客轮设有特等舱（由软卧卧室、休息室、卫生间等组成）。

（二）船票

1. 船票的种类

船票分普通船票和加快船票，又分成人票、儿童票和伤残军人优待票。

2. 儿童票

儿童身高超过 1.2 米不超过 1.5 米者，应购买半价票；超过 1.5 米者，应购买全价票。每一位成人旅客可免费携带一名身高不超过 1.2 米的儿童，超过一人时，超过的儿童应购买半价票。

3. 退票

散客船票在开航时间 24 小时内退票，收取票价 10% 的退票手续费；24 小时后至 72 小时内退票，收取票价 50% 的退票手续费，除不可抗力导致船班停航或特别约定外；超出 72 小时客票一律不予办理退换票。网点销售之船票按“哪里销售哪里退票”原则处理，团体票退票按约定办理。

（三）行李的规定

乘坐沿海和长江客船：每一持全票者不能携带超过 30 千克的物品，持半票者不能携带超过 15 千克的物品；乘坐其他内河客船：每持一全票者不能携带超过 20 千克的物品，持半票者不能携带超过 10 千克的物品；体积不得超过 0.2 立方米；长度不得超过 1.5 米（杆形物品 2 米）。残疾旅客乘船，另可免费携带随身自用的非机动残疾人专用车一辆。

在保证安全和卫生的条件下，可携带下列物品：安全火柴 2 小盒，普通打火机 2 个；不超过 20 毫升的指甲油、去光剂、染发剂；冷烫精、摩丝、发胶、杀虫剂、空气清新剂等自喷压力容器不得超过 120 毫升；军人、武警、公安人员、民兵、射击运动员等人员携带枪支子弹的，按照国家法律、法规有关规定办理，并严格执行枪弹分离等有关枪支管理规定。危险品和禁止携带物品不得随带乘船。

下列物品不准携带上船：法令限制运输的物品，有臭味、恶腥味的物品；能损坏、污染船舶和妨碍其他旅客的物品；爆炸品、易燃品、自燃品、腐蚀物品、有毒物品、杀伤性物品以及放射性物质。

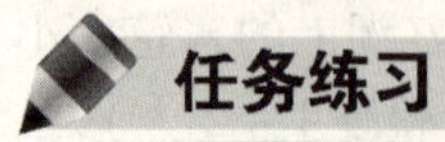

任务练习

一、单选题

1. 临时需要在班期飞行以外增加的（　　）飞行。

A. 班期　　B. 加班　　C. 包机　　D. 专机

2. (　　)表示直达特快旅客列车。

A. Z　　B. T　　C. K　　D. D

3. (　　)交通是最普遍、最重要的短途交通方式。

A. 公路　　B. 铁路　　C. 航空　　D. 其他

二、多选题

1. 公路交通的营运客车分为客车和轿车(如出租车),其中客车按照车身长度可分为(　　)。

A. 大型客车　　B. 中型客车　　C. 小型客车　　D. 其他

2. 火车票的基本种类有(　　)。

A. 客票　　B. 附加票　　C. 儿童票　　D. 以上都不对

3. 我国水路交通可为(　　)航运。

A. 内河　　B. 沿海　　C. 远洋　　D. 深海

任务三 ● 旅游救援知识

任务描述

新加坡旅游团一行16人,按计划于10月13日由A市飞往B市,10月17日离境。在从A市飞往B市途中,团内一位旅游者突发心脏病,其夫人手足无措。该团抵达B市后,老人马上被送往医院,经抢救脱离危险,但仍需住院治疗。半个月后老人痊愈,返回新加坡。

请问,导游在带团中遇到该种情况应如何处理?导游带团时还应做好哪些突发疾病的预防和处理工作?

任务内容

一、晕机(车、船)

1. 症状

运动病又称晕动病,是晕车、晕船、晕机等的总称。它是指乘坐交通工具时,人体内耳前庭平衡感受器受到过度运动刺激产生过量生物电,影响神经中枢而出现的冷汗、恶心、呕吐、头晕等症状群。

2. 处理方法

应立即让患者勒紧裤腰带，以防内脏振动，加重病情；可让旅游者自己提供一些防晕机（车、船）的药物，导游人员不宜提供；待旅游者稳定后，应告诉旅游者启程前不要饮酒、饱食，要自备防晕机（车、船）的药物；与领队商定，在以后的行程中，尽可能让晕机（车、船）的旅游者坐到飞机（车、船）的前、中部座位上。

二、中暑

1. 症状

发生在高温环境下，患者出现全身乏力、头痛、头晕、耳鸣、眼花、恶心、胸闷、口渴、多汗，严重者面色苍白、呕吐，甚至神志不清、昏迷。

2. 处理方法

对中暑者，要立即将其移到阴凉通风处，解开衣领，放松裤腰带，给患者扇风。可能时，让其饮用含盐饮料，服用十滴水或人丹。对发热者要用凉水或酒精擦拭身体进行物理降温。当中暑者出现神志不清的情况时，可指按人中穴、双手合谷穴，以促其苏醒，并尽快送往医院治疗。

三、晕厥

1. 症状

患者突然面色苍白、眼前发黑、恶心、脉搏细弱，继之丧失知觉。常见的晕厥有两种情况，即血管性晕厥和低血糖性晕厥。

2. 处理方法

（1）血管性晕厥。这种症状多是体位改变造成的，如脑部突然升高，血液暂时不能充分达到脑部引发暂时性缺氧而发生晕厥。如遇到这种情况，应让患者头低脚高平卧，以改善脑部血流供应，同时解开患者的领口和裤腰带，若在室内，要打开窗户，使空气流通，休息一会儿即可恢复正常。

（2）低血糖性晕厥。一般是由于旅行中饮食不均，或者有的人为了赶路，随便吃点饼干之类热能较少的食物，加上在游玩中出汗、劳累，又未及时补充食物和水，导致血糖过低而发生晕厥。对于这种病人，应迅速补充一些高糖食品，如喝点糖水、吃些巧克力等都能较快恢复正常。

导游人员如发现突然晕倒的旅游者，不要随便搬动，应观察其是否有呼吸和心跳异常，如呼吸、心跳正常，可轻拍患者并大声呼叫；若无反应，说明情况可能严重，应使其头部偏向一侧并稍放低，取后仰头姿势，再采取相应的急救措施。

四、日光性皮炎

1. 症状

夏季旅游或到海边游泳，人体皮肤暴露在强烈的阳光照射之下，容易引起日光性皮炎。症状是患处皮肤呈现出弥漫性浮肿，质地坚实而发亮，一般不发红，但灼痛、瘙痒，有时伴有发热、头晕、头痛、乏力等症状。

2. 防治方法

做好防晒准备：外出时戴宽边帽、头巾或打伞；穿长袖上衣和长裤；皮肤暴露部位涂上防晒霜。旅游活动要尽可能避开阳光强烈的时段。

五、便秘

1. 症状

由于旅游活动改变了人们的日常生活规律，容易引起暂时性便秘。主要症状有：下腹胀痛、欲便不畅，有时也有饱胀不适、反胃、打嗝、恶心等症状。

2. 防治方法

(1)适当多饮水，或喝些蜂蜜水。

(2)多吃新鲜蔬菜，尤其是富含纤维的食物，如大白菜、白萝卜、红薯等。

(3)多吃利于通便的水果，如香蕉、猕猴桃、梨、火龙果等。

(4)用右手在肚脐周围按顺时针方向缓慢按揉，加强肠胃蠕动，促进排便。

(5)严重者应该送往医院治疗。

六、急性心肌梗死

1. 症状

发病较急，患者自感胸部持续剧烈疼痛（有的不痛），面色苍白、嘴唇发紫、大汗淋漓、呼吸困难、脉搏细弱、心律不齐、心动过速、恶心呕吐等。

2. 处理方法

一旦发生急性心肌梗死，应立即与附近医院或急救中心联系。在医护人员未来之前，轻轻将患者仰卧休息，切忌变动体位或挪动，在安慰患者不要过于紧张和用力的同时，请其亲属在患者的口袋中寻找急救药品，让其服用，并密切观察其脉搏和呼吸，如果脉搏消失、呼吸停止，应立即实施胸外按压或人工呼吸，待医护人员到达后，在医生的指导和心电监护下送往医院抢救。

七、急性脑梗死和脑出血

1. 症状

发病较急，患者出现头痛、眩晕、呕吐，继之神志不清、口眼歪斜、上下肢偏瘫。该病大多发生在中老年旅游者中，特别是患有动脉硬化、高血压者居多。

2. 处理方法

旅游者中出现此种情况，应立即让其平躺，上身稍微垫高一些，使其头部偏向一边，以防吸入呕吐物引起窒息。患者若出现昏迷，应取出其口腔内的假牙，以保持其呼吸道畅通，并尽快送往医院抢救。

八、踝关节扭伤

1. 症状

旅行中爬山，在凹凸不平的路上行走或穿高跟鞋上、下台阶等，往往会发生踝关节扭伤，又称“崴脚”。扭伤和拉伤损伤的往往是肌肉的韧带，扭伤后，踝关节行动不便，局部肿胀，皮下淤血，走路时疼痛加剧，影响行程的继续。

2. 处理方法

发生踝关节扭伤后，要赶快治疗。对此，导游人员应该马上让旅游者坐下，然后查看伤势。如伤势不重，可用绷带或布条将受伤部位包扎起来，给它支撑力量。但要注意不要扎得太紧，否则会妨碍血液循环，导致进一步肿胀。如有条件可用布包着冰块或用冰袋对受伤处实施冰敷，以防进一步肿胀并减少疼痛。如果伤势较重，应该在进行上述简单处置之后将旅游者送往医院治疗。

九、小腿抽筋

1. 症状

小腿抽筋在医学上被称为腓痉挛，是因为腿肚的腓肠肌痉挛而引起腿部抽筋，并伴有剧痛，令人暂时不能动弹。若是发生在游泳时，是很危险的。旅行时，由于路比平时走得多(尤其是登山旅行)，腓肠肌过度疲劳，小腿抽筋也是常有的事。治疗的方法较多，也简单易行，都是以放松局部肌肉来达到缓解疼痛的目的。

2. 处理方法

(1)旋转法

起身而坐，伸直抽筋的腿，用手握住前脚掌，向外侧旋转踝关节，只要动作连贯有力，通常能立即止住剧痛。

(2)扳脚法

取坐姿,一手用力压迫痉挛的腿肚肌肉,一手抓住足趾向后扳脚,使足部背曲,再上下活动一下脚,抽筋就能得到缓解。

(3)按压法

在膝关节内侧腋窝两边有硬而突起的肌肉主根,腓肠肌头神经根便附将在里面,用大拇指强力按压此处,异常兴奋的神经就会镇静下来,从而达到停止抽筋、消除疼痛的目的。

小腿抽筋的处理

(4)按摩法

用双手交替顺静脉的走向,由下至上轮流按摩腿肚肌肉,也可以把小腿肌肉放在手中轻轻滚动摇晃,或从侧面轻拍肌肉,以此使腿肚肌肉放松,并恢复正常的血液循环。如果上述方法未能完全解除症状,可改用热毛巾、热水袋敷于腿肚处,热敷法能有效促进肌肉的血液循环,缓解痉挛。

若是在游泳时发生抽筋,可将大腿尽量向前伸直,脚跟向前蹬,用手使劲往身体方向扳脚趾,反复多次,直至症状消失。但在每次扳脚之前,都要深吸一口气再游入水中。

小腿抽筋的预防比较简单,在活动前、活动后、睡前按摩腿肚肌肉即可。经常抽筋的人可在游泳前将捣烂的生姜渣汁涂在腿上,充分按摩,便能收到很好的预防效果。

十、蝎、蜂蜇伤及蛇咬伤

若旅游者被蝎、蜂蜇伤,导游人员要设法将毒刺拔出,用口或吸管吸出毒汁,然后用肥皂水,条件许可时用5%的苏打水或3%的淡氨水洗敷伤口,同时服用止痛药。导游人员、旅游者如识中草药,可用大青叶、薄荷叶或两面针等捣烂外敷。被蛇咬伤,若位于手臂或腿部,可在蛇咬伤处上方5~10厘米处用一条带子绑住,但不要阻断血液循环。然后,用肥皂水或清水冲洗蛇咬伤处或用消毒刀片在蛇毒牙痕处切一道深约半厘米的切口,切口方向应与肢体纵向平行,再用嘴将毒液吸出吐掉。被蝎、蜂叮蜇及被蛇咬伤,如果伤势严重,必须送往医院治疗。

任务练习

一、单选题

1. 旅游者中暑可给旅游者服用(　　)。

A. 含糖饮料　　B. 十滴水

C. 凉水　　D. 苏打水

2. 旅游团中一位老人在游览故宫中心脏病突发,昏倒在地,这时导游人员应(　　)。

A. 立即将老人背到车上送往医院

B. 立即在老人衣袋中寻找备用药物

C. 让其就地平躺,由领队在老人衣袋中寻找备用药物

D. 立即和领队将老人抬到僻静地方,迅速在老人衣袋中寻找备用药物

3. 在旅游过程中,旅游者(　　)时,切忌急着将患者抬或背着去医院。

A. 晕车　　B. 中暑

C. 骨折　　D. 心脏病突发

4. 对旅游团中突发心脏病的旅游者,导游人员做法错误的是(　　)。

A. 立即组织人力抬患者去医院就医

B. 让患者就地平躺,头略高

C. 由领队在患者口袋中寻找药物,让其服用

D. 等病情稍稍稳定后送医院

5. 若旅游者被蜂蜇伤,导游人员不能采取的方法是(　　)。

A. 设法将毒刺拔出　　B. 用肥皂水洗敷伤口

C. 用口或吸管吸出毒汁　　D. 让其服用导游自备的止痛药

6. 旅游者中暑,导游人员要让旅游者(　　)。

A. 喝高浓度盐水　　B. 喝含盐饮料

C. 喝高浓度糖水　　D. 在低温空调间降温

7. 一位旅游者在餐厅吃过饭后就恶心、腹痛、呕吐,经过初步判断是食物中毒,导游人员首先应(　　)。

A. 将患者送往就近医院

B. 立即报告旅行社,追究供餐单位责任

C. 设法催吐,并让食物中毒者多喝水以加速排泄,缓解毒性

D. 协助旅行社帮助旅游者向有关部门索赔

8. 某旅游者在游览北京故宫时,由于天气炎热,突然感觉身体不适,导游人员应(　　)。

A. 及时给旅游者服用药物　　B. 劝其继续随团游览

C. 劝其回家　　D. 劝其尽早就医并多休息

9. 以下不属于晕厥的症状的是(　　)。

A. 面色苍白　　B. 嘴唇发紫

C. 脉搏细弱　　D. 恶心

二、多选题

1. 旅游者若被蜂叮蛰,导游应(　　)。

A. 设法将毒刺拔出　　B. 用5%的盐水清洗伤口

C. 服用止痛药品　　D. 用5%的苏打水清洗伤口

2. 便秘的防治方法是(　　)。

A. 适当多饮水　　B. 多吃新鲜蔬菜

C. 少吃水果　　D. 多吃富有蛋白质的食物

3. 以下属于中暑症状的是(　　)。

A. 呕吐　　B. 腹泻

C. 口渴　　D. 耳鸣

4. 对于急性脑梗死和脑出血的处置方法正确的是(　　)。

A. 立即让其平躺

B. 若出现昏迷,应该取出其口腔内的假牙,以保持其呼吸道畅通

C. 尽快送往医院

D. 背起送往医院

5. 游览叠彩山时,一旅游者心脏病突发,倒在地上,正确的处理方法是(　　)。

A. 立即背患者去医院

B. 让患者平躺在地上,头略高

C. 从患者口袋中寻找自备药物服用

D. 地陪立即拨打120或下山找医生前来救治,由医生处理病人后并送医院

6. 对于中暑者,导游人员应当(　　)。

A. 置患者于阴凉、通风处,解开其衣领

B. 服用必要的防暑药物

C. 可能时让其饮用含盐饮料

D. 将其送附近医院

7. 为预防旅游者晕车,导游应该(　　)。

A. 建议其出行前不要饱食　　B. 服用防晕药物

C. 让其坐在前排的位置　　D. 自己备好水果

8. 日光性皮炎的防治方法有(　　)。

A. 外出时戴宽边帽　　B. 穿长袖上衣

C. 涂抹防晒霜　　D. 避开强光照射

9. 地陪小李带团去某旅游景区的途中,有一位旅游者在旅游车上突然昏厥。据说该旅游者有心脏病病史。此时,地陪小李应(　　)。

A. 若证实是心脏病发作,应让病人就地平躺,头略高。让其家人取来自带药品给病人服用,延缓病情

B. 赶紧将患者背着上医院

C. 中止全团其他旅游者的旅游活动,全力陪护患病的旅游者

D. 马上叫救护车,请医生前来抢救

任务四 ● 货币、保险与财务结算知识

任务描述

有些旅游者出境前会提前将所有携带的货币都兑换成美元，因为美元在许多国家甚至是一些小国都是通用的，到目的地后还可以用美元来换当地货币使用。不过，近年来美元整体态势疲软，因此，旅游者可以先参考一下目的地货币的汇率，考虑如何将自己手里的货币兑换成实用的币种。作为领队带团出境时，不仅提示旅游者有关货币的知识，还应该提示哪些方面的知识？

任务内容

一、货币知识

旅游过程中要经常使用货币，掌握一些货币知识对于做好导游工作具有重要的意义。

（一）外汇

1. 外汇概念

外汇，是指以外国货币表示的可用于国际结算的一种支付手段，它包括外国货币（钞票、铸币等）、外币有价证券（政府公债、国库券、公司债券、股票、息票等）、外币支付凭证（票据、银行存款凭证、邮政储蓄凭证等）以及其他外汇资金。外汇并不等于外国钞票。

中国对外汇实行由国家集中管理、统一经营的方针。在中国境内，未经国务院批准，禁止外汇流通、使用、质押，禁止私自买卖外汇和经营外汇业务，禁止以任何形式进行套汇、炒汇、逃汇。外国旅游者来华带入的外汇没有限制，但入境时必须据实申报；在中国境内，旅游者可持外汇到中国银行及各兑换点兑换成人民币，并且要保存好银行出具的外汇兑换证明。

2. 外汇兑换

中国境内居民通过旅行社组团出境旅游时，都有资格在银行兑换外汇。2002 年 9 月国家外汇管理局将出境游个人零用费由旅行社代购，调整为由旅游者自行购买。旅游者在出境前，持因私护照及有效签证、身份证或户口簿到开办居民个人售汇业务的银

行办理个人零用费的购汇手续。其兑换标准为:赴中国香港、澳门地区可兑换 1 000 美元的等值外汇;赴中国香港、澳门地区以外的国家和地区可兑换 2 000 美元的等值外汇。表 11-1 所示为在中国境内可兑换成人民币的外币。

表 11-1　目前在中国境内可兑换成人民币的外币

货币所属国家或地区	货币名称	货币符号
中国香港	港币	HKD
中国澳门	澳门元	MOP
日本	日元	JPY
新加坡	新加坡元	SGD
泰国	泰铢	THB
韩国	韩币	KRW
菲律宾	菲律宾比索	PHP
欧洲货币联盟各国	欧元	EUR
丹麦	丹麦克朗	DKK
挪威	挪威克朗	NOK
瑞典	瑞典克朗	SEK
瑞士	瑞士法郎	CHF
澳大利亚	澳大利亚元	AUD
英国	英镑	GBP
加拿大	加元	CAD
美国	美元	USD
中国台湾	新台币	TWD

海外旅游者来华携入的外币和票据金额没有限制,但入境时必须据实申报。在中国境内,禁止外币流通,并不得以外币计价结算。海外旅游者需要钱时可持外汇到中国银行及各兑换点凭身份证件兑换成人民币。为了尽量给持兑人提供方便,除了银行以外,一些机场、酒店或商店也可办理外币兑换人民币的业务。兑换时要填写《外汇兑换水单》(俗称水单,有效期为半年),并妥善保存水单。离境时,人民币如未用完,可凭本人护照和六个月内有效期的外汇水单兑换成外汇,但其兑换金额不能超过外汇兑换水单上注明的金额,最后经海关核验《申报单》后可将未用完的外币和票证携出。

(二)旅行支票

1. 旅行支票概念

旅行支票是银行或旅行支票公司为了方便旅行者,在旅行者交存一定金额后签发的一种面额固定的、没有指定付款人和付款地点的定额票据。

2. 旅行支票的使用

旅行支票实质上是带有支票性质的银行汇票。购买旅行支票后，旅行者可随身携带，按照规定向签发银行的联行、代理行以及其他银行请求兑付。若丢失，可在遗失所在地的银行办理挂失手续，即可免受损失。

购买旅行支票时，旅行者要当场签字，作为预留印鉴，即初签；支取款项时必须当着付款单位的面在支票上签字，即复签。付款单位将两次签字核对无误后方可付款，以防假冒。

购买旅行支票时，按票面额的1%支付手续费。中国银行在收兑旅行支票时收取7.5‰的贴息。

3. 旅行支票的优点

旅行支票的优点很多。

首先，它比携带现金旅行安全方便，不易遗失或被窃，也不易被人冒领，而且一旦发生这种情况，还可申请挂失和得到补偿。

其次，旅行支票兑取也很便利，既可在承办外汇兑换业务的机构兑取现金，又可在世界各大城市和旅游城市的大旅行社、大酒店或大百货商店支付服务费或购物。

最后，旅行支票的使用基本上没有区域限制，且多数不规定流通期限，可以长期使用。

正因为具有以上优点，旅行支票已经成为国际旅游者常用的支付凭证。

（三）信用卡

1. 信用卡的概念

信用卡是指银行或信用卡公司为提供消费信用而发给客户在指定地点支取现金、购买期货或支付劳务费用的信用凭证，实际上是一种分期付款的消费者信贷。

信用卡一般采取特殊塑料制作，信用卡正面印有持卡者的姓名、持卡者的账号、有效期限等，背面有持卡者的预留签字、防伪磁条和银行简单声明。为了避免风险，发卡机构对其发行的信用卡规定使用期限一般为一年到三年，并规定一次取款或消费的最高限额。

2. 信用卡的种类

信用卡的种类很多，按发卡机构的性质分为旅游卡（由商业、旅行社、酒店等直接发的卡）和信用卡（银行或其他金融机构发行）；按持卡人的资信程度分为普通卡、金卡和白金卡（其资信程度依次递增）；按使用地区分为世界通用卡（外汇长城万事达卡）和地区用卡（牡丹卡、金穗卡）；按清偿方式的不同分为贷记卡和借记卡。

贷记卡是指持卡人无须事先在发卡机构存款就可享有一定信贷额度的使用权，即“先消费，后还款”。

3. 我国受理的外国信用卡

我国目前受理的主要外国信用卡有：万事达卡、维萨卡、运通卡、大莱卡、JCB卡、百

万卡和发达卡。

二、保险知识

(一)旅行社责任保险

1. 旅行社责任保险概念

旅行社责任保险是指以旅行社因其组织的旅游活动对旅游者和受其委派并为旅游者提供服务的导游或者领队人员依法应当承担赔偿责任为保险标的的保险。旅行社责任保险属于强制险,只要旅行社组织旅游活动就必须投保的保险。

2. 旅行责任险的范围

依据《旅行社责任保险管理办法》规定:旅行社责任保险的保险责任,应当包括旅行社在组织旅游活动中依法对旅游者人身伤亡、财产损失承担的赔偿责任和对受旅行社委派并为旅游者提供服务的导游或者领队的人身伤亡承担的赔偿责任。

具体包括下列情形:

(1)因旅行社疏忽或过失应当承担赔偿责任的;

(2)因发生意外事故旅行社应当承担赔偿责任的;

(3)国家旅游局会同中国保险监督管理委员会(以下简称"中国保监会")规定的其他情形。

3. 保险期限和保险金额

(1)投保期限

旅行社责任保险保险期限为1年。旅行社应当在保险合同期满前及时续保。旅行社投保旅行社责任保险,可以依法自主投保,也可以有组织地统一投保。

(2)保险金额

旅行社在组织旅游活动中发生旅游者人身伤亡、财产损失和受旅行社委派并为旅游者提供服务的人员人身伤亡的,保险公司依法根据合同约定,在旅行社责任保险限额内予以赔偿。责任限额可以根据旅行社业务经营范围、经营规模、风险管控能力、当地经济社会发展水平和旅行社自身需要,由旅行社与保险公司协商确定,但每人人身伤亡责任限额不得低于20万元人民币。

4. 索赔程序

(1)旅行社组织的旅游活动中发生保险事故,由旅行社或者受害的旅游者、导游、领队人员通知保险公司的,保险公司应当及时告知具体的赔偿程序等有关事项。

(2)旅行社组织的旅游活动中发生保险事故,由旅行社向保险公司书面申请赔偿保险金的,保险公司应当自收到赔偿书面申请之日起1日内,书面告知旅行社需要向保险公司提供的与赔偿有关的证明和资料。旅行社对旅游者、导游或者领队人员应负的赔偿责任确定的,根据旅行社的请求,保险公司应当直接向受害的旅游者、导游或者领队人员赔偿保险金。旅行社怠于请求的，受害的旅游者、导游或者领队人员有权就其应获赔偿部分直接向保险公司请求赔偿保险金。

(3)保险公司收到赔偿保险金的请求和相关证明、资料后，应当及时做出核定；情形复杂的，应当在30日内做出核定，但合同另有约定的除外。保险公司应当将核定结果通知旅行社以及受害的旅游者、导游、领队人员；对属于保险责任的，在与旅行社达成赔偿保险金的协议后10日内，履行赔偿保险金义务。

(4)因抢救受伤人员需要保险公司先行赔偿保险金用于支付抢救费用的，保险公司在接到旅行社或者受害的旅游者、导游、领队人员通知后，经核对属于保险责任的，可以在责任限额内先向医疗机构支付必要的费用。

(5)因第三者损害而造成保险事故的，保险公司自直接赔偿保险金或者先行支付抢救费用之日起，在赔偿、支付金额范围内代位行使对第三者请求赔偿的权利。旅行社以及受害的旅游者、导游或者领队人员应当向保险公司提供必要的文件和所知道的有关情况。

(6)旅行社与保险公司对赔偿有争议的，可以按照双方的约定申请仲裁，或者依法向人民法院提起诉讼。

(二)旅游者个人保险

1. 旅游者意外伤害保险

旅游者意外伤害保险主要为旅游者在乘坐交通工具出行时提供风险防范服务，旅游者所购买的车票和船票金额中的5%是用于保险的，每份保险的保险金额为2万元，其中意外医疗事故金额为1万元。保险期限从检票进站或中途上车、上船开始，一直到旅游者检票出站或中途下车、下船。机票、车票以及景点的门票大都含有保险，这些票证也就具有保险凭证的意义。一旦发生意外，它们是要求保险赔偿和给付保险金的依据，旅游者应该妥善保存。

2. 旅游人身意外伤害保险

到景区旅游，旅游者体验那些惊险刺激的旅游项目之前，最好先选择自愿性的旅游人身意外伤害保险。保险公司开设的该险种，每份保险费1元，保险金额1万元，一次最多可投保10份。保险期限为从购买保险进入旅游景点时起，至离开景点时止。这里需要强调的是，旅游者可按照旅游项目安全系数之大小，对该保险做出买与不买的选择。但参加如下旅游时，旅游者最好投保：探险游，如到大峡谷、洞穴猎奇探险，到沙漠、草原旅游等；生态游，如到野生动物园观看动物，到野生植物园内野炊、露营等；惊险游，如进行水流湍急的漂流、悬崖峭壁的攀岩等。

3. 住宿旅游者人身保险

该保险每份保费1元，从住宿之日零时算起，保险期限15天，期满可以续保，一次可投多份。每份保险责任分三个方面：一为住宿旅游者保险金5 000元；二为住宿旅游者见义勇为保险金1万元；三为旅游者随身物品遭到意外损毁或盗抢而获赔的补偿金

200 元。在保险期限内,旅游者因遭意外事故、外来袭击、谋杀或者为保护自身或他人生命财产安全而致自身死亡、残疾或身体机能丧失,或随身携带物品遭盗窃、抢劫等,保险公司按不同标准支付保险金。

4. 旅游救助保险

这类保险是国内各保险公司普遍开办的险种,是保险公司与国际救援中心联合 SOS 推出的。旅游者无论在国内外任何地方遭遇险情,都可拨打电话获得无偿救助。将原先的旅游人身意外保险的服务扩大,将传统保险公司的一般事后理赔向前延伸,变为事故发生时提供及时、有效的救助。

5. 旅游救援保险

旅游救援保险对于出国旅游十分合适。有了它的保障,旅游者一旦发生意外事故或者由于不谙当地习俗法规引起了法律纠纷,只要拨打电话,就会获得无偿的援助。

三、财务结算知识

(一)团队结算

1. 正常情况的结算业务

旅行社财务人员在审核综合服务费结算内容时,应对照旅游计划和陪同该旅游团(者)的导游人员所填写的结算通知单,对所需结算的各项费用进行认真审查。

旅行社之间结算所涉及的综合服务费一般包括市内交通费、杂费、领队减免费、地方导游费、接待手续费和接待宣传费。其结算的方法是:

综合服务费 = 实际接待旅游者人数 × 实际接待天数 × 人天综合服务费价格

2. 特殊情况的结算业务

(1)跨季节的结算

我国的旅行社多以每年的 12 月初至次年的 3 月底作为旅游淡季,其余的月份作为旅游旺季或平季。旅游者在一地停留的时间恰逢旅游淡季与旺季交替时,旅行社应按照旅游者在该地实际停留日期的季节价格标准分段结算。

(2)等级变化的结算

①因分团活动导致等级变化

由旅游者现付分团后新等级费用标准和原等级费用标准的差额,另一种是接待旅行社征得组团旅行社同意后按新等级标准向组团旅行社结算。

②因部分旅游者中途退团造成等级变化

造成旅游团队因退团后人数不足 10 人而发生等级变化时,原则上仍按旅游团的人数和等级标准收费和结算,退团旅游者离团后的费用由旅游者自理。

(3)晚间抵达或清晨离开的旅游团队结算

包价旅游团队在晚餐后抵达或早餐前离开某地时,接待旅行社按照人数和等级标准向组团旅行社结算接送费用。其计算公式为：

接送费用 = 人数 × 计价标准

（二）付款方式

旅行社之间的结算业务大多采用付汇方式进行。汇付法是通过银行，使用各种结算工具，付款方将款项汇交收款方的一种结算方式。

1. 电汇

电汇是组团旅行社要求开户银行拍发加押电报或电传给接待地旅行社所在地的开户银行，指定其支付一定金额给接待旅行社的付款方式。这种方式结算迅速，适用于结算费用大的旅行社，但手续费用较高。这是我国旅行社目前使用最多的汇款方式。

2. 信汇

信汇是组团旅行社要求其开户银行将信汇委托书寄至接待旅行社的开户银行，授权解付一定金额给接待旅行社的汇款方式。这种结算方式速度慢、手续费用低，我国旅行社目前很少采用。

3. 票汇

票汇是组团旅行社要求其开户银行代其开立以接待旅行社所在地开户银行为解付行的银行即期汇票，支付一定金额给接待旅行社的汇款方式。无须通知收款人取款，由其持票登门取款，背书，可转让流通。

4. 转账支票和现金支票

转账支票和现金支票是同城结算（收款人和付款人在同一个城市的不同或相同的银行有资金账户）的主要形式。旅行社收到转账支票或现金支票后，可委托其开户银行代收团费。现金支票可直接从付款人的账户上提取现金，而转账支票则需先将资金存入旅行社自己的银行账户后方可提取现金。转账支票和现金支票具有携带安全、使用方便、资金到位快捷等优点。

5. 信用证和信用卡

信用证分旅行信用证和环球信用证两种。旅行信用证是专供旅游者出国旅行支付旅费开发的，由旅游者自己携带出国，准其在一定限额及有效期内，在指定的国外银行支付的信用证。环球信用证准许持证人在证面金额和一定期限内，在与开证银行有业务往来的银行进行支付。信用卡有世界通用和地区内通用两种，携带使用方便，但每次使用有一定的数额限制。

任务练习

一、单选题

1. 旅行社责任保险保险期限为（　　）。

A. 1 年
B. 2 年
C. 3 年
D. 4 年

2. 按持卡人的资信程度信用卡分为(　　)、金卡和白金卡。

A. 旅游卡
B. 普通卡
C. 金穗卡
D. 牡丹卡

3. 到景区旅游,体验那惊险刺激的旅游项目之前,最好先选择自愿性的旅游人身意外伤害保险。保险公司开设的该险种,每份保险费(　　)。

A. 1 元
B. 2 元
C. 3 元
D. 4 元

4. 包价旅游团队在晚餐后抵达或早餐前离开某地时,接待旅行社按照人数和等级标准向组团旅行社结算接送费用。其计算公式为:(　　)。

A. 人数 = 接送费用 × 计价标准
B. 计价标准 = 人数 × 接送费用计价标准
C. 接送费用 = 人数 × 计价标准
D. 接送费用 = 人数 + 计价标准

5. 旅游者所携带的 2 ~ 12 周岁(不含 12 周岁)的儿童,应按照成年旅游者标准的(　　)收取综合服务费。

A. 20%
B. 30%
C. 40%
D. 50%

二、多选题

1. 我国目前受理的主要外国信用卡有(　　)。

A. 万事达卡
B. 维萨卡
C. 运通卡
D. 大莱卡
E. 金卡

2. 信用卡的种类很多,按发卡机构的性质分为(　　)。

A. 旅游卡
B. 信用卡
C. 普通卡
D. 金卡
E. 运通卡

3. 信用卡的种类很多按使用地区分为(　　)。

A. 外汇长城万事达卡
B. 牡丹卡
C. 金穗卡
D. 白金卡
E. 普通卡

4. 目前在中国境内可兑换成人民币的外币主要有(　　)。

A. 新加坡
B. 瑞典
C. 丹麦
D. 澳大利亚
E. 美国

境外购物退税注意事项

在境外免税店购物消费的方式有两种：

1. 购买者可以在现场退税，要在履行该国政府规定的退税手续下，购买的金额不包括应该交的税金，如果不遵守该国的退税手续，商家有权从购买者的信用卡补扣应缴纳的税费。

2. 事后退税，购买者交易的金额包括商品的税金，购买者遵循该国的退税手续后商家会将税额退回至购买者的信用卡中。

因此，在出国购物前要事先了解要去国家的退税规定，但是也要注意几点。首先，在购物时仔细阅读退税单的条款后压卡并签名，同时将其中一联交给商户，另两联留至办理退税手续时使用。其次，在离境时（如购物地点属欧盟国家则指离开旅程中最后一个欧盟国家）需在海关办理退税手续，海关核实所购物品与退税单后将在其余两联退税单上盖章，一份装入商户提供的专用信封并投入机场退税专用邮箱；另一份自行保留，一旦发生纠纷，此单可作为解决争议的凭证。最后，如果没有在过关时完成退税手续，那么就要求助，在回国后向全球回报集团（GLOBAL BLUE）请求帮助，国内的北京、上海、广州等地均有指定退税点，那么没有退税的消费者就可以继续办理手续。

中华人民共和国现金退税网点：

北京：北京首都国际机场退税点：北京首都国际机场一层国际到达厅中国工商银行望京支行北京机场分理处，邮编：100621；北京市内退税点：东城区东四十条24号中国工商银行东城支行营业室，邮编：100007。

上海：上海浦东国际机场退税点：上海浦东国际机场出发厅三层中国工商银行上海市国际机场支行，邮编：201202；上海市内退税点：上海市南京东路99号中国工商银行上海市分行，邮编：200002。

广州：广州市内退税点：广州市环市东路339号广东国际大酒店主楼二层中国工商银行广州市南方支行，邮编：510098。

参考文献

[1]郭赤婴.新导游必备手册[M].北京:中国旅游出版社,2005.
[2]蒋文中.导游语言艺术一本通[M].北京:旅游教育出版社,2007.
[3]李亚妮.导游业务[M].北京:清华大学出版社,北京交通大学出版社,2009.
[4]陈巍.导游实务[M].北京:北京理工大学出版社,2010.
[5]叶娅丽.导游业务[M].上海:上海交通大学出版社,2011.
[6]梁心见.模拟导游[M].成都:西南财经大学出版社,2011.
[7]刘雪梅,张虹薇.导游业务[M].沈阳:东北大学出版社,2012.
[8]李飞.中华人民共和国旅游法解读[M].北京:旅游教育出版社,2013.
[9]王健民.出境旅游领队实务[M].北京:旅游教育出版社,2013.
[10]袁雪梅,陈伟.地陪导游实务[M].北京:旅游教育出版社,2013.
[11]孙丽萍.旅游危机管理[M].哈尔滨:黑龙江教育出版社,2014.
[12]原群.导游技巧与导游词策划[M].北京:旅游教育出版社,2014.
[13]王雁.导游实务[M].北京:高等教育出版社,2015.
[14]全国导游人员资格考试教材编写组.北京:旅游教育出版社,2016.
[15]辽宁旅游信息网.http://bm.sy-th.com
[16]导游栖息地.http://bbs.dy7cd.com
[17]中华人民共和国国家旅游局官网.http://www.cnta.gov.cn
[18]广东出入境网上服务厅 http://www.gdcrj.com/